Verbum ENSAYO

# JOSÉ DONOSO. ESCRITURA Y SUBVERSIÓN DEL SIGNIFICADO

LAURA A. CHESAK

# José Donoso. Escritura y subversión del significado

EDITORIAL Verbum

Eguilaz, 6-2º Dcha. 28010 Madrid
Apartado Postal 10.084. 28080 Madrid
Teléf.: 446 88 41 - Telefax: 594 45 59
I.S.B.N.: 84-7962-110-9
Depósito Legal: M-37.809-1997
Diseño de cubierta: Pérez Fabo
Fotocomposición: Origen Gráfico, S.L.
Printed in Spain / Impreso en España por
Talleres Gráficos Peñalara (Fuenlabrada)

# ÍNDICE

# Prólogo

El estudio que hace la profesora de la Universidad de Greensboro de Carolina del Norte, Laura A. Chesak, es sorprendente por su acuciosidad, sobre todo por desentrañar los personajes de las obras de José Donoso, que provienen de una realidad que le choca al autor y, que por ello, pasan a ser subversivos, aún cuando él mismo siga participando de ese orden social. Y, por lo que ella llama el descubrimiento del "valor simbólico de los espacios recreados", quizá, como fórmula para pesquisar algo más en su difícil estructura narrativa, que es, por cierto, "laberíntica".

Este texto es un valioso aporte a la investigación de la narrativa chilena, cuyos excelentes autores son escasos, aunque en el último tiempo, aparte de José Donoso, sean especialmente dos los narradores que más concitan la atención: Isabel Allende y Luis Sepúlveda. Laura A. Chesak construye el andamiaje de su hipótesis basándose en la filosofía del discurso de Bakhtín, y para ello entra en la toma de conciencia que se presenta con una dicotomía entre la estipulada oficial y no oficial. Llega a distinguir distintos lenguajes que se utilizan de acuerdo a los niveles sociales, en los que implícitamente se encuentra el ideológico. De toda esta confrontación, de la ruptura y del silencio nace el universo creado por Donoso.

Debemos decir, sin embargo, que unido a esta concepción estética, en la que el autor se encuentra prisionero, y que por ello su "yo" tiene necesidad de escaparse de sí mismo y de explicarse aquel medio social que le es incómodo, para comunicarse a otro nivel conceptual, está todo su condicionamiento que lo perseguirá hasta su muerte.

Laura A. Chesak va más allá de lo que sabemos aparentemente del proceso creador de José Donoso, esto es, que su escritura tiene origen en la formación burguesa que determinó su vida. Que cada paso que dio desde su infancia está ligado a su ambiente, al hogar y a la educación. Y, que, no obstante su rebeldía contra el sistema familiar, observamos en sus obras que la memoria retorna a las escenas del grupo social que le rodeó. Cabe preguntarse si el destacado autor de "El obsceno pájaro de la noche", hubiese podido desarrollar su creación en otras circunstancias, ajeno a las obsesiones de una clase que trataba de mantenerse a toda costa, en la que se encontraban sus padres, unos burgueses venidos a menos. El escritor mantiene una batalla contra sí mismo, ya que desde muy joven rechaza la realidad que le tocó vivir, lanzándose por esta razón a la aventura de conquistar el mundo. Poco le dura el entusiasmo al darse cuenta lo difícil que es ser obrero. Prefiere abandonar ese camino para el cual no estaba preparado y seguir bajo el alero de sus padres, al amparo de una protección familiar que le da un status social pero que le determinará su ambigüedad; esto es, encontrarse ante la escritura con un proyecto fracasado por un mundo sin sentido, que le hará sufrir y hasta enfermarse con cada gestación y publicación.

Manifiesta en "Memoria de mi tribu": "Desde mis lecturas iniciales me di cuenta de que el dolor causado por la ambigüedad social es uno de los temas que en los novelistas han dado mayores frutos, una de las "fallas geológicas" con pedigrí literario más sólido." Y nos sigue diciendo que grandes escritores "montaron sus temores, sus fantasías, en novelas sobre esta pasión que hoy nos parece tonta, anacrónica, y que no le importa a nadie. Pero de algún modo sirvió a estos genios para armar sus grandes maquinarias literarias, dándole a esa fisura una validez atemporal y universal." Y ese fue su camino, en una ambigüedad que se percibirá posteriormente hasta en un oportunismo político.

Trata de aprovechar todos los elementos psíquicos del ser humano, para desarrollar en la profundidad de su escritura la caricaturización de su yo, con un cierto humor e ironía que le servirán como ingredientes indispensables para novelar. El mismo declaraba: "Es necesario conservar la medida irónica de ser un fracasado pese a todo." (ABC.8-12-96).

Nos dice que su experiencia "es casi exclusivamente doméstica, jamás épica." ("Conjeturas sobre la memoria de mi tribu", pág. 17). En su libro de memorias declara: "Desde niño aceché, esperando con malsana avidez, la coyuntura propicia para ceder a la tentación de escarbar en mi memoria tribal y reordenar su arquitectura para reconocerme en ella (Ibid. pág. 18). Esto es lo que distingue a su generación de la del 38. Dos generaciones totalmente opuestas en la concepción social, en el tratamiento de la escritura y en la proyección literaria. La generación del 38 vibró con los cambios sociales de la época. Existe un compromiso con la motivación social y política.

Muchos de sus autores fueron partícipes de la transformación de la sociedad. Sus personajes pertenecían a la vida misma; encarnaban al hombre de la calle que mostraba sus luchas y sueños, a través de una escritura simple, sin rebuscamientos, cuyo ejemplo lo podemos encontrar en una de las novelas más destacadas de la literatura chilena: "La sangre y la esperanza", de Nicomedes Guzmán. De ese período literario antiburgués se pasó al burgués, en el cual los más representativos son Donoso, Edwards y Lafourcade. Pero también deambulan por los pasillos y las piezas del hogar, los abuelos y las tías y otros decrépitos que son objetos obsesivos del autor de "Conjeturas sobre la memoria de mi tribu", tanto para ésta como para otras narraciones. Su literatura es propia de la voracidad del mundo, en la cual se percibe su propia angustia, debido en parte a una delicada formación, que incluye un ambiente religioso y pacato que reconoce y critica.

Como anécdota podemos señalar lo siguiente: acostumbrado a asistir a lugares selectos, como su propio padre que frecuentaba el aristocrático Club de la Unión, cuando ingresa a la universidad para estudiar pedagogía en inglés, dice: "No era el Grange. No era el Country Club." Pero le empezaba a gustar esa gente que encontraba en su camino: "Alrededor del Instituto Pedagógico se estaba formando una curiosa fauna humana, suspendida e intermedia entre el trabajo y el aprendizaje, entre el carnaval y la política, entre la poesía y lo que hasta entonces había sido la prosa popular: gente raída, desconocida, a veces hambrienta. Esto me seducía." (Pág. 117, ibid.).

Hay en el espíritu creativo de Donoso un contenido real en cuanto a la percepción del mundo que le rodea. No es más que un observador de las escenas que describe, con vivencias que no las experimenta personalmente, como es el caso de sus obras sobre los exiliados. Se podrá argumentar que él también lo era, en cuanto a un autoexilio, por encontrarse voluntariamente lejos de su patria, pero no por causas políticas, no por un dolor ideológico, sino como muchos escritores del boom, por el gusto de residir fuera de sus respectivos países. El caso es que su narrativa corresponde a un anhelo en traspasar sus propios límites, o como él dice, sus fracasos.

Podemos constatar en algunas obras que, a través de la descripción de los familiares, hace una crítica a la sociedad chilena que vive de apariencias: "mis padres —honrados burgueses, él un serio profesional, ella "una señora de su casa"— debían justificarme ante sus amigos..." Más adelante continúa: "La pedagogía era una carrera socialmente desdeñada, y sigue siéndolo en Chile. Los estudiantes de colegio —sobre todo de los colegios privados que preparan a los que conducirán al país— consideraban que los que se dedican a la enseñanza media son unos pobres diablos sin destino, sin futuro económico ni horizonte cultural ni social, carentes del respeto de las clases cultas, viviendo en escondrijos de pensiones en barrios venidos a menos, en casas de vecindad malolientes, o, en el mejor de los casos, en miserables tugurios con olor a pintura y a cemento siempre húmedo, subvencionados a medias por el Ministerio de Educación" (Ibid, pág. 116).

Lo que sí se reproduce con exactitud es el ambiente burgués y, con ello refleja también parte de una auténtica realidad del país. Es un novelista reflexivo, hecho que no se ha dado en la literatura chilena. Sus personajes piensan, se ambientan y desambientan, se construyen y con el paso del tiempo se destruyen. Su contenido conlleva una calidad literaria que lo sitúa como el mejor novelista chileno de los últimos tiempos. Cabe sí, hacernos otra pregunta: ¿Cuál es el público que más lo lee? ¿El obrero, el oficinista, el empresario, el profesional, o un público variado? Seguramente lectores con formación universitaria, porque éstos están en mejores condiciones para evaluar una obra de estas características.

He querido dar esta breve visión sobre Donoso, como condicionamiento de su obra, pensando que aquí encontramos también esta toma de conciencia, que, como nos dice la excelente investigadora Laura A. Chosak, es un tipo de introspección borgiana. La exploración para seguir a otro espacio psicólogico, donde autor y lector tratan de descifrar el lenguaje laberíntico. De ahí que los personajes sean enmascarados, con diferentes discursos, expresiones que se dan en la propia relación estética y en la del tiempo histórico. La prisión del "yo", le hace metamorfosear el lenguaje como un método de salida, para verse comunicado en el otro. El autor muchas veces se pierde en el propio espacio creado, quedándose al margen, para que el arte con sus propias leyes resuelva los movimientos que se producen en sus personajes normales, absurdos o enajenados. Es un cuestionamiento a todos los niveles, no solamente a la sociedad decadente que objetiviza. En todo caso, existe en él una realidad caótica y, otra en el exterior, que la dimensiona esperpénticamente (como diría Valle Inclán), por su inconformismo.

Sergio Macías

---

Sergio Macías es autor de una veintena de libros: poesía, ensayo, novela, estudios monográficos. Ha sido durante cuatro años profesor en el Instituto de Lenguas Extranjeras y Colaborador Científico en la Universidad Whilhelm Pieck, Rostock, Alemania. Actualmente se desempeña como Asesor Cultural en la Embajada de Chile en España.

# Introducción

La narrativa de José Donoso retrata la personalidad humana como una colección de máscaras y disfraces, la encrucijada de una multitud de voces que se entretejen y pasan por múltiples transformaciones. Mientras que el mundo novelístico puede aparentar ser estático y homogéneo a primera vista, la presencia de unos inquietantes elementos de cambio pone en duda la estructura de valores en la que ese mundo se fundamenta. Los incidentes de ruptura son anunciados menos por una invasión desde afuera y más por la necesidad de una existencia más amplia desde adentro. Lejos de ser estática, la conciencia individual parece necesitada de un constante diálogo en que activamente persigue el contacto con lo otro para que su paraíso no se convierta en una prisión.

A menudo los análisis críticos de la obra de Donoso se enfocan en su representación de una sociedad feudal u oligárquica en crisis, de una burguesía decadente, sea chilena o arquetípicamente latinoamericana. Los acercamientos —históricos, sociopolíticos, económicos, culturales, sicológicos, etc., todos válidos en sí— tienden a partir de ciertos dualismos recurrentes en su obra. Con el intento de descubrir un poco de terreno común, los ensayos que presento aquí desean ser menos dialécticos y más dialógicos. En términos de Mikhail Bakhtín, la palabra es "a two-sided act," un proceso (no un producto) de una mediación recíproca y continua en la búsqueda del significado [1]. Una lectura dialógica está siempre consciente del contexto y las condiciones. Al enfocarnos en los puntos de contacto donde un discurso se vuelve contradictorio y subversivo, podemos mejor comprender lo que esa fricción tiene que decir de las líneas divisorias que logra desenmascarar. Las dicotomías absolutas

---

[1] El concepto central de «dialogismo» se desarrolla en los ensayos de Bakhtín recogidos en *Art and Answerability*, *The Dialogic Imagination* y *Speech Genres & Other Late Essays*. Es útil consultar también *Problems of Dostoyevsky's Poetics*, *Marxism and the Philosophy of Language* y *The Formal Method in Literary Scholarship*.

tienden a desmoronarse, disolviendo las oposiciones binarias que valorizan un término para negar el otro. Mi lectura de Donoso busca proponer que la destrucción o el silencio se puede leer de distintas maneras: como algo in- (o des-) articulado, por cierto, pero también como una sostenida resistencia al código dominante, la cual intuye en cambio un sistema de valores que es *otro.*

Los dos ejes de este análisis son, por una parte, un estudio cuidadoso de las figuras marginadas en la obra donosiana y la amenaza que representan para el código "definitivo"; y por otra parte, una investigación del valor simbólico de los espacios recreados en los textos y su habilidad para reflejar la naturaleza laberíntica de la estructura narrativa (y quizá la ambivalencia de la autoridad creativa). Veo en la obra de Donoso un intento de rescatar lo marginal y releerlo como un signo necesario de la subversión. Sin formar un estudio cronológico exhaustivo, estos ensayos se enfocan en particular en la narrativa más auto-consciente de Donoso y los múltiples niveles de leerla.

Por eso me interesan los textos donosianos en que el narrador (en particular si es una figura creadora) es auto-consciente de su propio acto de representarse y contemplarse en el texto. Procura verse reflejado en la relación dialógica que entabla con otra(s) conciencia(s) igualmente autorizada(s), afuera y al lado de sí mismo. La polarización y la bidimensionalidad son inherentes en los personajes, ya que corresponden a una zona de un conjunto de posibilidades no compartibles. Se construyen más como *personae* o máscaras que personas, "metamorfosis del yo que son creadas por el lenguaje mismo".[2] El constante proceso de mediación que los ata informa su esfuerzo mutuo por producir la significación. Simultáneamente, el carácter abierto (nunca definitivo o finalizado) de su interacción le lleva al lector a cuestionar últimamente la producción de toda significación y de toda *autor*idad más allá de la clausura formal (aunque no por eso menos ambivalente) del texto. Los textos analizados aquí son muy representativos de esta problemática a lo largo de la obra de Donoso, como el cuento "Paseo", las novelas cortas "*Atomo verde número cinco*" de *Tres novelitas burguesas* y "*Los habitantes de una ruina inconclusa*" de *Cuatro para Delfina,* y las novelas *El obsceno pájaro de la noche, Casa de campo, El jardín de al lado* y *La desesperanza.*

---

[2] Guillermo Sucre, *La máscara, la transparencia: ensayos sobre poesía hispanoamericana.* Caracas: Monte Avila Editores, 1975, 98.

En mi análisis de estos textos, intento basarme en la filosofía del discurso propuesta por Bakhtín y desarrollada por la teoría crítica contemporánea (en particular, desde un acercamiento feminista). Las aportaciones más sugerentes de sus teorías se fundan en el entendimiento del *acto* de un continuo diálogo entre el yo y el medio social e ideológico, entre el sujeto y su auto-objetivación en el otro. Katerina Clark y Michael Holquist, al comentar unas distinciones entre Freud y Bakhtín, notan que la división freudiana de conciencia/inconciencia deviene en Bakhtín una distinción entre una conciencia oficial y otra no-oficial. Aquélla se da como fija, orientada por el pasado y compartida entre todos —es una "ideología social"—; mientras ésta está en el proceso de formularse, es personal e individual y se orienta hacia el futuro y el cambio. El reconocimiento del contexto y la adquisición de distintos "lenguajes" (aprendidos al evaluarse contra la norma social) permite que el individuo se traslade con facilidad entre los distintos estratos sociales e ideológicos.[3] Bakhtín insiste en que el proceso de mediación es mutuo: mientras el discurso interior es restringido por el discurso exteriorizado o aparente ("outward"), al mismo tiempo las contradicciones y conflictos entre los dos potenciarán los eventuales cambios en la norma oficial. En el caso de una confrontación absoluta, sin embargo, mientras más ancha y más profunda sea la brecha entre la conciencia oficial y la personal, más difícil es que los motivos del discurso interior se conviertan en discurso exteriorizado o aparente. La incapacidad de traducirse en un discurso completamente ajeno habrá de resolverse (o frustrarse) en el balbuceo o el silencio: en cierto sentido, en el exilio o suicidio lingüístico y comunicativo.[4]

Desde la ruptura del silencio primordial del universo, la palabra ha pertenecido siempre y de antemano a *otros*, y la conciencia individual nunca puede imponer su intención sin obstáculos: siempre tiene que

---

[3] Holquist ha destacado la insistencia de Bakhtín en «una *multiplicidad* necesaria en la percepción humana». El «yo-en-mí-mismo», con el tiempo y el espacio que una conciencia usa para modelar sus propios límites, está en un diálogo constante con «lo-no-yo-en-mí», unas categorías temporales y espaciales totalmente diferentes empleadas por la misma conciencia para modelar los límites de otras personas y otras cosas. Véase Michael Holquist, *Dialogism: Bakhtin and his World*. London and New York: Routledge, 1990, 22.

[4] Véanse en especial los comentarios de Clark y Holquist en *Mikhail Bakhtin* (Cambridge, Massachusetts and London, England: Harvard University Press, 1984), 182-184 y 206-207.

mediar esa intención a través de la alteridad del lenguaje mismo en que habla. Para Bakhtín, entonces, "la palabra es el fenómeno ideológico *par excellence*": "neutra con respecto a alguna función ideológica específica", su polivalencia en cambio le da la capacidad de ser explotada para una multiplicidad de funciones (científica, estética, ética, religiosa, etc.),[5] sin que pueda ser usurpada por una sola autoridad monológica.[6]

Clark y Holquist notan que "those who do not learn to exploit the capacity of words to mean different things in different epistemological layers of their culture system are condemned to exist unfreely".[7] Los personajes donosianos que luchan por salir del encerramiento creado por sus palabras tienen que deshacerse de todo lo "definitivo" y abrazar el caos y el cambio intuidos justo más allá de su alcance. Por eso, a nuestro modo de ver, la referencialidad socio-histórica "real" de los espacios escénicos en la narrativa retrocede en importancia ante la arquitectura auto-consciente de esta esfera del arte mismo. El espacio recreado en el

---

Es clave entender el sentido de «ideología» para Bakhtín. Cada miembro de una cultura es capaz de reconocer los sistemas que asignan un orden o una estructura a su mundo síquico y social de signos. Sabe si algo es apropiado o no según «la organización jerárquica de la comunicación» y su modo de controlar el vestir, las relaciones sexuales, la manera de hablar en una situación dada, etc. Clark y Holquist explican:

> «a text is recognizable [...] because it is a manifestation of a system. A legal text is codified by the legal system, a literary text by the literary. The systems that texts manifest may also be thought of as ideologies. Ideology in this sense is locatable in all that texts take for granted, the preconditions held to be so certain by their authors that they need not be stated. The pillars supporting a text's assumptive world are thus invisible insofar as they need not be expressed. Ideology must be seen in a text's holes, in what it has felt it could leave unuttered.» (*Mikhail Bakhtin*, 298-299).

[5] Voloshinov, *Marxism*, 13-14. La traducción aquí es mía; el énfasis es del original.

[6] Bakhtín crea una terminología para describir su concepto de un discurso «épico» (jerárquico, absoluto, finalizado, separado de nosotros por la distancia e inaccesible al ocupar otro «time-and-value plane») y otro discurso «novelístico» (indeterminado, abierto, anti-canónico, auto-consciente, dinámico y accesible a nuestra interacción). Los conceptos también se correlacionan con otros términos parecidos de Bakhtín, como el discurso «monológico» o «monolítico» versus el discurso «dialógico». Véanse, por ejemplo, «Epic and Novel» y «Discourse in the Novel» en *The Dialogic Imagination*. Austin: University of Texas Press, 1981.

[7] Clark y Holquist, *Mikhail Bakhtin*, 227. Véanse también las consideraciones de Bakhtín con respecto a la estratificación en «Discourse in the Novel,» *The Dialogic Imagination*, 288-291.

texto y mediado por el orden artístico representa menos "la vida real" extratextual y más "the house of fiction" del autor/creador. El paisaje verbal se correlaciona con las fronteras exteriores e interiores de la conciencia estética, impulsada a construir algo afuera de sí misma, pero que la contenga, para verse.

En el contexto de la obra de José Donoso debemos confrontar la imagen de la "casa-prisión". Interpretada desde el código del realismo social, se ha visto como señal de una burguesía en crisis. Interpretada en cambio desde un punto de vista metalingüístico y comunicativo, indica las contradicciones y conflictos que restringen el discurso interior de un yo necesitado de lo otro y del medio socio-ideológico para explicarse. Las ventanas de la casa-prisión imponen por una parte un distanciamiento entre la conciencia interior y lo que está afuera y al lado; por otra parte le proveen también de un marco por el que enfoca su visión. Las sendas múltiples y bifurcadas que explora rondando por la casa en su esfuerzo por salir del encarcelamiento reflejarán el viaje de una voz en busca de sí misma por el campo de lo otro para transgredir sus propios confines. Tanto la autenticidad dialógica como la creación estética sólo se alcanzan cuando el que actúa es también un autor (director, o espectador), cuando produce y le da forma desde afuera a la imagen en la que después se reencarnará.[8]

En *Labyrinths of Language*, Wendy Faris comenta la profunda carencia de un centro en mucha de la ficción posmoderna: los "centros" son espacios nostálgicos, evocadores de un orden desaparecido, propuestos sólo para ser negados. El lector tiene que escoger entre las múltiples sendas de interpretación que seguir, o elige *no* escoger y deja que las posibilidades coexistan simultáneamente, recreando el laberinto del texto en su mente.[9] Las estrategias del lector para descifrar el texto son lo que le permitirá atravesar competentemente el espacio presentado, y el acto de leer refleja el proceso narrativo de crear un significado. La suposición central del dialogismo es que no existe figura alguna sin fondo: "the dialogizing background" es el campo del otro que el yo tiene que explorar y llegar a incorporar en sí mismo para expandir sus propios lí-

---

[8] Mikhail Bakhtin, «Author and Hero in Aesthetic Activity,» *Art and Answerability*. Austin: University of Texas Press, 1990; 76.

[9] Wendy B. Faris, *Labyrinths of Language: Symbolic Landscape and Narrative Design in Modern Fiction*. Baltimore and London: The Johns Hopkins University Press, 1988, 78.

mites.[10] Los límites espaciales y temporales que modelan tanto la conciencia interior como la percepción suya de lo otro se concretizan en muchas obras de Donoso bajo el diseño de la casa-prisión que es también un laberinto y en última instancia la morada de la ficción misma.

El signo polivalente del laberinto, entonces, reúne múltiples significados dispares que coexisten simultáneamente: es tanto un resguardo protector donde esconderse como una prisión sofocante y amenazante; sus sendas reflejan los errores, repeticiones y elecciones de una voz en busca de sí misma en el campo de lo otro; a primera vista, es un viaje hacia el exterior, mientras que simbólicamente es un viaje hacia adentro. En mucha de la ficción de Donoso, puesto que la posibilidad de escaparse de este paisaje simbólico se niega, entrar entonces en el laberinto significa una iniciación en la problemática adquisición de un lenguaje narrativo y una iniciación en la creación artística. El largo viaje por el laberinto y el lento proceso de elaborar un significado en la obra reflejan el viaje hacia el yo y hacia el texto. Es por su visión del mundo-como-laberinto que José Donoso cuestiona tanto la identidad humana como el lenguaje mismo y su poder para construir nuestro mundo.

En este contexto exploraremos también la cuestión del exilio y de la crisis del creador, cuya auto-construcción verbal es dificultada por un discurso "que no es uno". La estructura narrativa misma revelará la arquitectura de un viaje laberíntico en busca de la integridad con lo otro. Su reflexión discursiva niega tanto un origen como un fin último y definitivo que finalice el proceso de crear el significado. Se cuestionan entonces las maneras en que el lenguaje puede o no construir la autoridad, en el sentido de que la palabra es siempre del otro (y así se subvierte la primacía del Autor) y por su inherente dialogismo, la palabra (y por ella los modelos verbales del mundo) está infundida de la apertura, la ambigüedad y un carácter anti-canónico. La refracción y repetición de los actos de leer, escribir e interpretar causan que el significado continúe reverberando más allá de la clausura formal del texto y su referencialidad socio-histórica actual. Enfocándonos a través de un cuidadoso análisis textual, desenmascaremos las inquisiciones donosianas sobre la naturaleza del lenguaje y de su productor.

[10] Holquist, *Dialogism: Bakhtin and his World*, 22.

# I. Barreras de espacio y de silencio en "Paseo"

Característico ya desde algunos de sus tempranos cuentos, el mundo superficialmente pequeño-burgués de la narrativa de José Donoso se ve aparentemente invadido: cierto elemento foráneo parece traer el caos y la disrupción del orden. Bajo toda una serie de fáciles dicotomías basadas en reconfortantes distinciones de clase y previsibles conflictos económicos e ideológicos, yace sin embargo un cuestionamiento inquietante del lenguaje y la identidad humanos. Donoso parece dedicarse a montar y desmontar un mundo precariamente fundado en unas oposiciones binarias que sirven para definir favorablemente a unos y por lo consiguiente excluir a otros; tanto los espacios creados (v.g., la casa *versus* la calle) como los personajes elegidos (v.g., los señores *versus* los sirvientes o los mendigos) parecen respaldar el concepto de un mundo polarizado y bajo una tensión insoportable. Lejos de reafirmar ciertos "cánones de seguridad" (*Cuentos* 227)[1], sin embargo, la destrucción siempre inminente revela la vaciedad del "orden" así concebido. Lo que se invade en las obras de Donoso no es tanto el resguardo ordenado de la alta clase media, sino la presunta inviolabilidad del poder autoritario y patriarcal.

Cuando de niño el narrador de "Paseo" quedó huérfano de madre, se trasladaron a la casa su tía y dos tíos solterones a quienes ella ya cuidaba. Por el hecho de haber nacido "única mujer–mujer fea, además en una familia de varones apuestos," Matilde debía juzgar que "su matrimonio era poco probable" (209), según el narrador, y se convirtió en una perenne virgen/madre desexuada (ya que además de cuidar a los hermanos, también sustituía a la madre muerta del niño). También era

[1] José Donoso, «Paseo», *Cuentos*. Barcelona: Seix Barral, 1971, 203-230. En adelante se citará de esta edición.

acérrima defensora de los valores de su familia: "Me ponderaba el privilegio que era haber nacido de uno de sus hermanos, [...] comunicándome su entusiasmo por su prosperidad y distinción, que sin duda yo prolongaría" (211). El entusiasmo *de ella* por la prosperidad y distinción *de los hermanos abogados,* y "su [reiterado] desprecio por la gente de raza mixta" (216), confirman su aceptación en esa época del trato que ha tenido que hacer para mantenerse en la clase dominante.[2] Cuando Matilde abandona eventualmente su actitud conformista y dependiente, abandonando también su acceso a los recursos materiales de los hermanos y una posición privilegiada en la jerarquía social, el lenguaje del cuento la teñirá de "mujer no-respetable," supuesta amante de otro o varios hombres (encontrados por la calle o el puerto).

Amy Kaminsky ha denominado como "autoridad residual" la voluntad de aceptar como creíble una narrativa que respalda las tradicionales relaciones de poder:

> By "residual authority" I refer to that authority which is still brought to bear on the production and reception of texts, despite oppositional feminist literary acts such as writing, narrating, and reading that call into question the authoritative discourses of male domination, as well as those of, for example, class hierarchy and European rationalism (*Critical Theory, Cultural Politics, and Latin American Narrative* 104).

---

[2] La historiadora Gerda Lerner señala que «class for men was and is based on their relationship to the means of production,» mientras que para las mujeres, «class is mediated through their sexual ties to a man, who then gives them access to material resources» (*The Creation of Patriarchy* 9). Según Lerner, el dominio paternalista se basa en el intercambio: la sumisión y el trabajo sin pago del grupo subordinado a cambio de ser protegido y mantenido por el grupo dominante. La cooperación de la mujer en el sistema patriarcal se gana a base de «economic dependency on the male head of the family, class privileges bestowed upon conforming and dependent women of the upper classes, and the artificially created division of women into respectable and not-respectable women,» una división basada en el control de su sexualidad (9). Es significativo que para Lerner «the appropriation by men of women's sexual and reproductive capacity» se vincule estrechamente con «the foundation of private property» (8).

Lucía Guerra Cunningham también ha visto, en el contexto de la dialéctica donosiana entre el orden y el caos, que «Matilde ofrece a cambio de la protección económica de los hermanos un vigor indiscutido para resguardar el bienestar físico y el prestigio social que aseguran una vida sin sobresaltos» (Guerra-Cunningham 1978a: 9).

Mientras Mónica Flori, por ejemplo, advierte que Matilde es "concebida según un patrón común en cuanto a los dualismos sexuales" y que es percibida "temática y técnicamente a través de la visión de un personaje masculino," termina afirmando que Matilde "enfrenta su falsa función materna y deja el hogar para cumplir con el aspecto de "amante," volviéndose un ser humano auténtico" (Flori 1985-86: 32). No advierte que ser 'amante' (y evita nombrarla con otros términos que indicarían más claramente su transgresión) es simplemente caer en otra "falsa función" en el otro extremo del "dualismo sexual" que la ha definido hasta ahora como virgen/madre desexuada. Otro crítico parece influido por la "autoridad residual" advertida por Kaminsky cuando él analiza la última declaración del narrador, que su tía "se perdió en la ciudad, o en la muerte, o en una región más misteriosa que ambas" (*Cuentos* 230):

> Ya que una acepción de este verbo [perderse] es "incurrir en un delito o caer en el deshonor o la vergüenza (Moliner II, 702), es posible leer en el texto del sobrino de Matilde un significado sexual/moral: sugiere que su tía se ha convertido en una "perdida", en una mujer de la calle, como la perra que la acompaña en sus nocturnos 'paseos'.[3]

Aunque la dimensión sexual de los personajes masculinos queda también ausente del relato, la tía es interpretada como "perdida" cuando la lectura del cuento busca añadir una dimensión sexual a su caracteriza-

[3] Jorge Olivares, «El deseo del desaseo: De la represión a la expresión en 'Paseo' de José Donoso,» *Romance Notes* 37.1 (1996): 100.

Es aún más revelador que Donald K. Gordon pueda asegurar que «[a]lthough not explicitly spelled out, there can be little doubt that there was something deviant in the relationship between Matilde and the dog,» insistiendo en «the aunt's aberration» («The Dynamics of Psyche» 61). Acepta tan profundamente la noción de la transgresión cometida por la tía al abandonar el hogar que la interpreta en términos de una relación perversa (que el crítico parece tachar de lesbiana también, aunque sin ser explícito) entre la tía y la perra.

En este contexto es interesante hacer la siguiente comparación. Para Sharon Magnarelli la primera palabra del texto («Esto sucedió cuando yo era muy chico...») está marcada por la incertidumbre y la falta de referencialidad, indicando que «the event lies outside his frame of reference [the narrator's] and cannot be named» (*Understanding José Donoso* 17). Para Olivares, en cambio, «el pronombre demostrativo neutro, por su naturaleza desexuada, señala de manera reveladora también una borradura sexual,» ya que es «el impulso de represión de la sexualidad que organiza el relato» (101).

ción. Si no es virgen o madre desexuada, entonces los valores binarios reflejados en el cuento, si no se cuestionan, sólo le permiten la identidad de "perdida" o "mujer no-respetable".

En una entrevista hecha unos quince años después de la aparición de sus primeros relatos, Donoso comenta que está "completamente desconvencido de la solidez de la personalidad humana. La personalidad humana no es sino una colección de disfraces, de máscaras y nada más" (McMurray 1975: 393). Por consiguiente, es frecuente que sus personajes se desdoblen o se apropien de una multiplicidad de voces, cada una ideológicamente marcada. No se trata, por lo visto, de abandonar una condición y camuflarse bajo otra transformación radical, sino —como ha señalado Ana María Moix—"de una superposición de distintas realidades, ninguna de las cuales desaparece ante el peso de la otra, sino que, por el contrario, persisten a un mismo nivel, se entrecruzan y se mezclan" (*Cuentos*, "Prólogo" 15). El creciente desacuerdo interior del personaje, reflejado en una ruptura discursiva, puede concretizarse bajo la forma de un aparente invasor, y a primera vista nos puede parecer sintomático de una clase social concreta en decaimiento. Me propongo, en cambio, examinar ciertas características de la narrativa de Donoso, no como indicativas de cierto realismo social, sino en términos de un espacio lingüístico, de una autoridad discursiva en crisis. Lo que se invade en las obras de Donoso no es simplemente el resguardo ordenado de la burguesía, sino la presunta inviolabilidad de los cánones —socialmente reconocibles y reconocidos— del poder.

Al detenerse menos en el llamado realismo social de Donoso, mi lectura de "Paseo" se enfoca más en cambio en el narrador reminiscente y desconfiable.[4] Muchos años después de la misteriosa entrada de la tía

[4] Barbara Bockus Aponte basa su análisis del cuento en el hecho de que «el centro de conciencia [sea] un niño» («El niño como testigo» 12), aunque también tiene que reconocer «el punto de vista temporal retrospectivo,» añadiendo que «el narrador de 'Paseo' tuvo años para tratar de descifrar su experiencia» (17). Por eso cuando Sharon Magnarelli considera la «naturaleza erótica» de las acciones de la tía que el niño quizás pueda «intuir pero no articular,» tenemos que recordar que de hecho el narrador ya no es niño (*Understanding José Donoso* 23). Refiriéndose a otra novela de Donoso (*Coronación*), Magnarelli señala acertadamente que, «since much of the action passes through the filter of the characters' recollections and is therefore doubly distanced by means of subjectivity *and* time, the legitimacy of those perceptions is placed in question» (*Understanding José Donoso* 33).

en otro orden, el narrador todavía anhela borrar sus propios temores y deseos más inconfesados, al mismo tiempo que sigue obsesionado con la ruptura familiar. A pesar de haber tenido años para meditar y "descifrar" las acciones de su tía y su propio modo de entenderlas, sigue atrapado por el código dualista heredado de los patriarcas de su familia.

En "Paseo", la amenaza a la seguridad de la casa-baluarte de los cuatro hermanos y el hijo de uno de ellos se debe a primera vista a la irrupción en ese espacio de una perra blanca. Ya que el hijo-narrador la presenta como "resumen de razas impares que durante generaciones habían recorrido la ciudad buscando alimento en los tarros de basura y entre los desperdicios del puerto," se establece en primer plano una dicotomía social y económica entre un "nosotros" y "los otros", indudablemente de un rango inferior (*Cuentos* 216-217). La narración comprueba esta perspectiva extremada cuando el hijo distingue entre "la gente que estaba destinada a morir dignamente para después instalarse con toda comodidad en [...] un cielo idéntico a nuestra casa," mientras que "el infierno existía, claro, pero no para nosotros sino que para castigar a los demás habitantes de la ciudad" (212). Al mismo tiempo, se refuerza cierto elemento de prejuicio racial: la primera aparición de la perra ("resumen de razas impares") en la calle es precedida por la mención de "un señor muy moreno" que se cruza con la tía y el niño camino a la iglesia, ocasión en que Matilde reitera "su desprecio por la gente de raza mixta" (216).[5] En este momento Matilde cumple todavía con su función de inculcar en el niño los valores tradicionales adoptados por la familia privilegiada.

El espacio narrativo mantiene una equivalente separación de territorios, desconociendo al principio la interacción entre "lo propio" y "lo ajeno", ya que el cuento tiene lugar casi exclusivamente en la casa: salvo el camino ritual a misa los domingos, cualquier otro espacio es desconocido en el discurso del narrador-*niño*. También notable es la retirada de los personajes a un reducto cada vez más pequeño ante la progresiva invasión de la perra. La primera vez que el animal deja de rondar la casa para instalarse en ella, el hijo expone el dilema y la reacción de los varones: "Alguien, además de nosotros, estaba donde estábamos nosotros" (220), de modo que uno por uno suben y se encierran en los dormito-

[5] Lerner analiza la importancia de las distinciones raciales o étnicas en el sistema patriarcal también, ya que cada «diferencia» percibida se convierte en un motivo de dominio.

rios, mandando al niño a acostarse también. Sólo Matilde se queda abajo para ocuparse de la perra herida.

Una vez que la perra cruza las últimas fronteras, sin embargo, empiezan a desarrollarse otras pautas para llegar a la verdadera base del cuento. "Paseo" sigue interesándonos principalmente por la tensión que establece entre hablar y no hablar: es decir, entre reconocerle a algo una existencia dialógica en el discurso o intentar desoírlo, relegándolo a una ausencia (aunque no por ello desaparezca). El rechazo, más que físico, es lingüístico: consiste en no cederle un espacio en el discurso. Cuando la perra franquea las últimas barreras de la biblioteca y la sala de billar, unos reductos consagrados por los rituales familiares, los varones "no hicieron comentario alguno, como si no lo hubieran visto" porque "rechazarla hubiera sido darle una importancia que para ellos no podía tener" (223). Irónicamente, la mascarada de este "anti-rechazo" lingüístico sólo amplía el efecto de la entrada del animal para el lector, quien se va enterando ya de la total ineficacia de la defensa de silencio.

La perra llega a funcionar como la concretización de cierto elemento reprimido en Matilde que, no obstante, había tenido el potencial de surgir. El ser hembra parece atraerla hacia la perra por cierta solidaridad inconsciente; además, la libertad callejera y la abierta sexualidad del animal complementan ciertas ausencias en la vida de Matilde.[6] El no reconocer la presencia de la perra de parte de los varones es equivalente a su incapacidad de enfrentarse con la creciente integridad de la tía y la ruptura que ello produce en el pequeño régimen familiar —jerárquico, ritualizado, absoluto e incuestionable— donde resisten todo cambio. Del mismo modo que eligen "no ver" a la perra, no hablan tampoco de los paseos nocturnos de Matilde. Se protegen tras sutiles barreras: esperan mudos; vigilan desde algún balcón o detrás de los cristales; cada

[6] Es obvio que la perra queda caracterizada por su «trasero desvergonzado» (222). No obstante, hay que recordar también su origen humilde y «genealogía de mesalianzas callejeras» (216), y su libertad e «inclinación por la aventura» (227), ya que rompe con todos los tabúes de la casa con una actitud poco sumisa. En breve, la perra encarna no sólo la reprobada sexualidad femenina, sino también la despreciada «impureza» racial y la actitud rebeliosa e independiente, igualmente castigable en una figura subordinada. Cuando Matilde se alía con la perra, entonces, rompe con *todos* los dualismos que han definido la posición privilegiada de los de la casa, y la posición de ella como mujer respetable.

uno se encierra en su habitación. Sólo una vez, en una inversión dramática e irónica, se arriesgan a romper las barreras del código discursivo que se han impuesto a sí mismos:

> –¿Qué te pasó? –preguntó tío Armando.
> –Nada –fue su respuesta, y con ella clausuró [Matilde] para siempre todo posible derecho de sus hermanos para inmiscuirse (22).

Ahora quien controla el discurso —por darle otro significado al silencio suyo— es Matilde, y el no poder decir nada indica la debilidad de los hermanos. No comentan cuando los paseos nocturnos se prolongan más y más, y según el narrador, tampoco hay comentario alguno cuando una noche por fin Matilde no vuelve más: "Al día siguiente nadie dijo nada. Pero continuaron las esperas mudas, y todos rondábamos en silencio, sin parecer hacerlo, las ventanas de la casa" (230). No cederle una existencia lingüística a la ruptura causada por Matilde no ha conseguido que no ocurra esa ruptura. También queda desmontada la fachada ritual, la ficción de un solo orden absoluto e incuestionable, que patéticamente intentan mantener "sin parecer hacerlo".

Las barreras físicas del espacio narrativo vuelven ahora a reforzar los límites impuestos en la narración. Proliferan y se vuelven dominantes las referencias a ventanas cerradas, a las puertas cerradas de las habitaciones individuales, y más que nada a la maciza puerta de la biblioteca –"demasiado maciza, demasiado pesada", como el terror de los hermanos ante todo lo que cayera fuera del orden rígido que habían establecido contra lo caótico. Esas mismas barreras nos llevan paradójicamente a cuestionar la autoridad y las intenciones del narrador mismo. Éstas son complicadas por su doble perspectiva de niño y adulto, ya que la maciza puerta de la biblioteca, por ejemplo, le impidió en aquel entonces presenciar ciertas conversaciones (más bien hipotéticas, aunque no podremos saberlo). Por otra parte, en un "ahora" que no está controlado por la incomprensión infantil, nos enfrenta con otras barreras menos fáciles de justificar.

Mientras de niño parecía aceptar los confines del rol tradicional e "impar" impuestos en Matilde, también revelaba estar consciente de ciertas incongruencias. Inicialmente ofrece como explicación obvia por su papel en la vida el hecho de que Matilde naciera "única mujer —mujer fea, además— en una familia de varones apuestos" (209). De hecho, en otro momento describe "su rostro tosco, construido como con los defectos de los rostros de sus hermanos", "irregular como un puño brutalmente apretado" (214). Interpreta el cuerpo femenino de ella como carente de belleza, defectuoso e irregular en comparación con algún ideal implícito pero inexpresado. Al mismo tiempo, sin embargo, subvierte sutilmente la impresión de que los varones "apuestos" sean exactamente gallardos, gentiles y de hermosa presencia. Todos son solterones salvo Pedro, el padre del narrador, y ése no volvió a casarse después de quedar viudo cuando su hijo tenía cuatro años. Los juegos ritualizados en la sala de billar sirven de contexto para caracterizar a todos: de Pedro el narrador sólo dice que "sucumb[ía] ante el mandato de su hermana". Armando, de "rostro fofo y tímido" y "grandes ojos celestes opacados por las gafas", era generalmente un jugador inepto que después "se refugiaba detrás del diario", buscando volver a un auto-encerramiento deleznable. El narrador muestra aun más perspicacia cuando describe el rostro de Gustavo, "frágil como un papel, cuya nobleza era extrañamente contradicha por sus ojos demasiado pequeños y juntos" (213). Aunque Matilde es descrita en términos de unas carencias, la actitud de autoridad de parte de los varones es extrañamente contradicha por la timidez, la fragilidad y la pequeñez legibles en cada cara.

Después de la aparición de la perra, el narrador es capaz de ver en el rostro de Matilde ciertos aspectos que no veía antes. Puede reconocer en ella ahora ciertos signos que le indican a él la presencia de unas dimensiones previamente desconocidas o rechazadas por los tíos varones. Ahora la ve "tranquila, recogida, colmada de un elemento nuevo" (223), con "una animación en sus ojos" (229):

> la tensión que jamás antes había percibido como tal en las facciones de mi tía —nunca sospeché que pudiera ser otra cosa que dignidad— se había disuelto, y [...] una gran paz suavizaba su rostro (224).

Admite que hasta ahora Matilde habría tenido que "conformarse con su vida impar", pero ahora había encontrado por fin "a alguien que hablaba su lenguaje más inconfesado" (225). Con esta observación deja de hablar en términos de una descripción física. Pasa a identificar el símbolo físico de la perra —"ahora [...] un ser entero" ella también, después de sanarse— con el elemento ausente que hacía falta para completar el ser "impar" de Matilde, quien empieza a realizarse verbalmente y a orientarse hacia el futuro y el cambio, a diferencia de los que la rodean. A veces, pasando por su cuarto, el narrador oía a Matilde "dialogar —no monologaba como conmigo— con una interlocutora cuya voz yo no oía"; ella parecía haber logrado "entablar un diálogo por primera vez en su vida" (226). El hecho de que él pueda reaccionar ahora al discurso interior de Matilde ("su lenguaje más inconfesado") no significa que esa voz no haya existido en el pasado, sino quizás que él la desoyera, como desoyó los pitazos de los barcos del puerto–un mundo que a él también le tentaba pero al que se vedaba a sí mismo el acceso porque "[su] vida era, y siempre iba a ser, perfectamente ordenada" (211). Los pitazos entonces (y el diálogo interrumpido con Matilde que le sigue obsesionando ahora) podrían haber sido para él el equivalente simbólico de la integridad que la perra había representado en conexión con Matilde, salvo que en algún momento él dejó de escucharlos, como si ellos hubieran dejado de existir. Su vuelta a auto-recrearse ahora en el niño que era no ha resuelto la tensión de su existencia periférica en el diálogo familiar, donde la integridad de la identidad se le negaba.

El dilema del narrador reminiscente "ahora" es seguir desoyendo o no las "preguntas que seguramente no se hicieron en el momento oportuno": ahora hasta "prefier[e] suponer que están todos muertos, porque resulta más fácil, y ya es demasiado tarde para atormentarse con preguntas" (205)[7]. Se consuela pensando que a lo mejor la imaginación y el recuerdo lo traicionan. En realidad, en medio de un terror remembrado, sólo trata de recomponer para sí mismo y para el lector las mismas técnicas de los tíos solterones, quienes "ateridos de horror [...] comenzaron a construir un muro de *olvido* o *indiferencia* que lo cubriera todo para poder enmudecer" (205; el énfasis es mío). Declara su propia indiferencia al afirmar que "ahora piens[a] que quizá tuvieran razón en desear borrarlo todo, porque ¿para qué vivir con el terror inútil de verse obligado a aceptar" que en su concepto del mundo pueda haber "una dimensión más inciertamente peligrosa que cualquiera dimensión con nombre?" (206). Si las oposiciones paternalistas entre lo valorizado y lo

---

[7] Miriam Adelstein, en cambio, ha querido tener la impresión de que «this boy too, will one day reject his ordered sterile life for a new, hopeful life, like his aunt has done» (Adelstein 1990: 48). Puesto que el narrador adulto declara su preferencia ahora por olvidarlo todo y enmudecer, el rechazo de una vida estéril y ordenada parece poco probable.

excluido se desintegran, entonces el acto de "nombrar" en el nuevo orden se vuelve mucho más problemático.[8]

Estamos lejos de un realismo social que enfrenta a ciertas clases socio-económicas. El conflicto no depende de un invasor foráneo: está dentro del individuo, y reside en las insuficiencias de un discurso monolítico que quisiera representar una realidad fija, autorizada e incuestionable, donde unos siempre serán dependientes y subordinados a otros. Por eso "Paseo" es tanto la historia del narrador-adulto como de la tía. Los dos experimentan la necesidad de explicarse desde el punto de vista de un orden más amplio, donde reinan otros valores. Matilde "dialoga, no monologa" como con el narrador: la tía no representa cierta clase social tanto como la capacidad y la necesidad del individuo de romper con las máscaras y la dependencia. La única pregunta incontestable con respecto a ella es si su desaparición resultó en la libertad o la muerte. El narrador, en cambio, a pesar de haberse escindido en dos para auto-objetivarse y verse, no mantiene una interacción dialógica; al contrario, todavía anhela olvidar y borrarlo todo para poder enmudecer. Enfrentado con un orden que le es completamente ajeno, prefiere seguir refiriéndose al "paseo" de la tía como si se hubiera exiliado o muerto, en vez de explorar un lenguaje y una identidad que para él serían más inciertamente peligrosos, ya que cuestionan todo un sistema de valores odiado pero conocido.[9] Se ha quedado paralizado al rehusar el cambio, al mismo tiempo que todavía anhela conocer el mundo de dimensiones peligrosas e inciertas experimentado por la tía. El mundo de los tíos varones representa un orden donde duda querer caber y donde de hecho no cabe.[10]

---

[8] Por eso puede ser demasiado optimista también que José Otero afirme que «la perra es un puente simbólico que, si no fusiona, al menos reconcilia en tía Matilde las dos mitades: la burguesía y las clases bajas» (Otero 1982: 54). Por una parte, al abandonar la casa Matilde también pierde su acceso a la burguesía, ya que esos recursos son provistos por los hermanos. Por otra parte, es muy difícil encontrar en las obras de Donoso la evidencia explícita de *otro* orden propuesto; aunque el orden actual frecuentemente queda destruido, no es evidente que sus personajes nombren otro orden u otros valores.

[9] Guerra Cunningham ha visto en la circularidad de la estructura narrativa del relato «la posición estática del narrador» (Guerra-Cunningham 1978a: 18).

[10] En algún momento ha tratado de afirmar que él «naturalmente, no tenía historia en común con tía Matilde» (209), pero los dos dependieron de la protección de los hermanos.

Si la ideología de un texto reside escondido dentro de lo que cree poder dar por sentado sin decirlo, al entrar en el texto otra voz que lo diga, esta voz enajenada obliga al discurso monolítico a entrar en diálogo con aquélla que cuestiona la arquitectura de su poder. Esa voz reclama una autoridad equivalente, afuera y al lado del productor dominante del discurso, y rompe con los marcos o confines (tanto los espaciales como los lingüísticos) que la relegan a una posición inferior. Mientras más ancha y más profunda sea la brecha entre la conciencia individual y el medio socio-ideológico dominante, sin embargo, más difícil es que el sujeto se traduzca en un discurso completamente ajeno. La incapacidad de nombrar lo "inciertamente peligroso" puede resolverse, o más bien frustrarse, en el balbuceo o el silencio: es decir, en el exilio o el suicidio lingüístico y comunicativo, ya que la reconciliación de los opuestos queda fuera del lenguaje del narrador. La inarticulación no es siempre una condición negativa, sin embargo: el silencio (de la tía, por ejemplo, al eludir toda respuesta directa a las preguntas de los hermanos) puede leerse también como la resistencia al código dominante y la inclusión en un sistema de valores que es *otro*.

De ese modo he querido leer en "Paseo" tanto la historia de la auto-conciencia del narrador como de las acciones ambiguas de la tía Matilde: la ruptura encarnada en ella es tanto el emblema como el producto de la alienación experimentada por él —de niño, por cierto, pero también como un adulto auto-consciente y auto-reflexivo. Por algo ha vuelto a considerar ahora un episodio enigmático de su niñez. La imagen mental de la casa que reconstruye él en su narración es de una estructura "en pie aún, angosta y vertical como un librito apretado entre los gruesos volúmenes de los edificios nuevos" (208). El contar la historia del paseo de Matilde, las esperas mudas y la vigilancia silenciosa detrás de las puertas y ventanas cerradas de la casa, se transforma en el trasfondo dialogante contra el cual reverbera la historia (ausente o inarticulada) del narrador mismo, también un ser "impar". Su resistencia contra los valores dominantes (encarnados en el silencio y la autoridad definitiva que asumen los tíos) parece tan infructuosa como tenaz. La casa-texto con las vidas amputadas que se enclaustran en ella *es* una ficción suya; incluso es la imagen de la empresa de la escritura misma y la lucha por infundir nuevos significados en un lenguaje simbólico que no se adecua a sus deseos innombrados.

# II. *"Átomo verde número cinco"* y el poder creativo burlado

El mundo de *Tres novelitas burguesas* quizás pretenda reflejar la vida de cierto grupo adinerado, estetizante e izquierdizante barcelonés, pero también está construido a base de una explotación hasta lo absurdo y lo fantástico del significado literal de las palabras.[1] En la primera novelita llamada *"Chatanooga choochoo"*, la modelo Sylvia Corday encarna la mujer perfecta, modelada por un hombre intolerante de una verdadera autonomía en ella. Su rostro ovoide y perfectamente artificial no es más que una superficie en que otros le pintan distintas realizaciones de la belleza y después se las quitan con *Vanishing Cream*, quitándole también la capacidad de ver, oír o hablar. Su pareja le desarma el cuerpo inverosímil de maniquí como si realmente se hiciera con módulos de plástico, y lo guarda cuando se aburre con ella o no quiere que salga. La apariencia "tan increíblemente joven" de Sylvia es comentada por los amigos casi en términos de una fábula o un cuento de hadas: Ramón "deja guardadas todas las piezas en una caja especial" y "durante esas semanas que pasa guardada y sin armar el tiempo no transcurre para ella" (*TNB* 19). El lenguaje de la novela convierte "el poder del hombre, que no corta lengua ni pone cinturones de castidad por ser procedimientos primitivos," en unos "pigmalionizamientos absurdos" pero literalmente posibles en el intento por crear y recrear según distintos gustos (*TNB* 42, 56).[2]

---

[1] José Donoso, *Tres novelitas burguesas.* Barcelona: Seix Barral, 1973 y 1981. En adelante se usarán las siglas *TNB* para esta edición. Las tres novelas cortas, a pesar de tener una trama muy individual en cada caso, exhiben cierta unidad a través de las conexiones entre los personajes. Los protagonistas de una reaparecen en papeles secundarios en otra, por ejemplo, aunque sin actuar necesariamente del mismo modo.

[2] El interés por el significado literal y problemático de las palabras se enfoca en primer plano desde el comienzo de «*Chatanooga choochoo*». Cuando Sylvia comenta que Magdalena, la mujer de Anselmo, tiene «tan buen gusto,» éste reacciona:

La "afinidad" que Sylvia proclama sentir por Magdalena es interpretada por Anselmo como una declaración malintencionada de "un proyecto en común": "Es verdad que dijo la palabra 'afinidad' sólo dos o tres veces durante todo el día; pero sentí que en su boca la palabra se cargaba más de significación que lo que sería habitual" (*TNB* 28). Bajo la tutela de Sylvia, Magdalena aprende a "desarmar" al marido, confundiéndolo y dejándolo sin argumentos, pero también quitándole sus armas (en particular el que cree ser su más potente "arma para someter") y desmontándolo pieza por pieza. La metáfora del amor como el "poseer" a otro es desenmascarada por la reinterpretación de las palabras hasta lo absurdo.

Éste es el contexto entonces para la segunda novelita, *"Atomo verde número cinco"*, en que parecen volver las preocupaciones donosianas por cuestionar la noción de un orden y un significado definitivos, encarnados en un espacio que es otra vez paraíso y prisión. Roberto Ferrer y Marta Mora, un matrimonio sin hijos, han llegado al momento "universalmente reconocid[o] [...] en la vida de una pareja, cuando se hace mandatorio comprar el piso definitivo, [e] instalarse de manera permanente [...] de modo que refleje con rigor el gusto propio y la personalidad propia" (*TNB* 107).[3] Después de seleccionar y colocar cuidadosa-

---

> ¿La había saboreado? [...] pensé repentinamente que aludía a ese «sabor» de Magdalena que sólo yo conocía, y esto me hizo replegarme ante la antropófaga Sylvia. Pero se refería, naturalmente, a otra clase de «gusto»: [...] un «gusto» relacionado con el discernimiento estético determinado por el medio social en que vivíamos (*TNB* 13).

Aunque se auto-censura aquí y opta por llamar a Sylvia «antropófaga», más adelante decide con disgusto que las mujeres probablemente son «lesbianas» porque eluden la autoridad de los hombres.

La narración no se restringe en este ejemplo al código esperado, tomando una perspectiva auto-consciente de sí misma. El discernimiento de las reglas estéticas es una pequeña advertencia para el lector, quien tendrá que interpretar los múltiples códigos textuales, desprendiéndose de lo mimético.

[3] Lo irónico, como apunta Sharon Magnarelli, es que esta personalidad no es propia en absoluto, y el gusto refleja los dictámenes de otros (Magnarelli 1982: 84-85).

Resulta curioso recordar que en *«Chatanooga choochoo»* Magdalena pensaba informarle a Marta de las artes de desarmar al hombre «para que de una vez por todas se estabilizara su enredado matrimonio con Roberto» (*TNB* 92). La ubicación estrictamente cronológica de las tres novelitas es quizás incierta, a pesar de que el lector tiende a asumir un orden cronológico basado en la composición del volumen.

mente las "cosas" en una extremada exageración del orden que hace irreal el espacio de la casa, por fin están "lo que se puede llamar real y definitivamente instalados en el piso nuevo, hasta el último vaso y el último cenicero ocupando sus lugares" (*TNB* 111). Sólo queda vacío el cuarto designado como el estudio de Roberto. Es odontólogo y pintor aficionado de "unas abstracciones de lo más elegantes en negro y blanco [...] centradas alrededor de unos cuantos átomos en un color fuera de paleta" (*TNB* 108). El uso de la pintura aquí ya señala el atractivo del elemento disonante en medio de un contexto formado por unos campos clara y fácilmente delimitados.

El espacio encerrado por el piso nunca logra establecer del todo el contexto "definitivo" que se persigue. Primero falta colgar un cuadro de Roberto, el ÁTOMO VERDE NÚMERO CINCO, que le produce repulsión porque es "lo único en todo el piso que no [está] colocado, definido y determinado" (*TNB* 113). Cuando por fin se decide a colgarlo, entonces falta Marta:

> Sí, tener a Marta aquí para colocar su figura protectora de modo que tapiara la odiosa entrada a la habitación vacía, clausurándola para siempre, de modo que su cuadro colgado junto a la puerta quedara como su obra definitiva en este piso definitivo, en este vestíbulo definitivo, anulando también la tentación de entrar a la habitación vacía, y también, por otro lado, la otra tentación, distinta pero igualmente potente, de abrir la puerta de su casa y salir corriendo y perderse para siempre (*TNB* 118).

El cuarto en que Roberto "instalaría su estudio de pintor [si] es que lo instalaba" ha quedado vacío para que "la necesidad de pintar, cuando surgiera si surgía, lo hiciera con tal vigor que determinaría la forma precisa del cuarto" (*TNB* 109). Intacto, "un cubo blanco y nada más, clausurado para siempre," el cuarto vacío es la imagen de la página en blanco del escritor que no escribe o la tela en blanco del pintor que no pinta (*TNB* 111). La ambigüedad de su pureza intacta funciona para reflejar el poder creativo anulado y burlado. Como el vientre de Marta, el cuarto vacío es estéril e inútil. La potencia del cuarto queda anulada por el miedo y la falta de vigor de Roberto mismo: el cuarto vacío es su "espejo" (*TNB* 116). Cuando su repulsión por el cuadro sin colgar lo impulsa a intentar colocarlo en el cuarto vacío, lo saca inmediatamente porque allí revela toda su debilidad —la del cuadro y la de él (*TNB* 117).

Roberto piensa que si Marta sólo se hubiera *ido* en vez de *salido*, él "tendría, entonces, la soberbia comodidad de quedar sin testigos [...] de las monstruosidades que podía revelar el espejo [...] sin necesidad a resolverse a hacer jamás nada con [la habitación vacía]. Ni siquiera entrar" (*TNB* 127). Para que "Atomo verde número cinco" sea su obra definitiva, será necesario huir del impulso creador y refugiarse en el estéril cuarto en blanco.

Antes de que la vuelta de Marta pueda clausurar todo para siempre, comienzan a desaparecer las "cosas" empezando por el cuadro. La gente que tiene ocasión de entrar en el piso y llevárselas son una mezcla de personas conocidas y desconocidas, invitadas a entrar por Roberto y Marta. Se convencen de que uno es el hermano del portero, que junto con la mujer de faenas podría considerarse parte de la clase baja.[4] Otro, sin embargo, es Anselmo, uno de los protagonistas burgueses de *"Chatanooga choochoo"*. En casi todos los casos Roberto y Marta presencian los "robos", sin ser capaces de decir nada para pararlos. Prefiriendo verlo todo como un "error", se niegan a calificar el acto "de asalto, de robo, de crisis, de atropello, de expoliación, de abuso, [¿]de ...?" para aferrarse a una serie de imaginadas explicaciones apenas racionales (*TNB* 121). Habría que llevar el cuadro para una exposición de arte; Anselmo sería cleptómano. Elaboran esas excusas para no confrontar a los "ladrones", y se convencen de que armar escándalos tan al comienzo de su "vida definitiva" en el "edificio definitivo" no va a ser de buen augurio para su relación con los vecinos (*TNB* 120). Como los personajes de "Paseo", deciden que "lo mejor era olvidar todo el asunto" y no otorgarle importancia (*TNB* 130).

Mientras el espacio emblemático del "piso definitivo" quisiera reflejar la estabilidad de su relación, sólo refleja la esterilidad. Más allá de la primera impresión del orden y de la satisfacción que sienten, se insinúa el elemento del dolor y de la culpa. Por una parte, ya no pueden tolerar la tensión producida por quince años de jugar que el no procrear no im-

[4] En la primera descripción del «hermano del portero» encontramos más bien una máscara: «el traje gris, el pelo gris, el ajado rostro gris tan surcado, arrugado, anudado y marcado que daba la impresión de que iba a ser necesaria una obra de rescate arqueológico para exumar al pobre hombre sepultado bajo tantos escombros» (*TNB* 117). Su cara parece haber sido reescrita por la vida múltiples veces bajo tantos surcos, arrugas y marcas. Su caracterización como un hombre «gris» dificulta también una fácil clasificación.

porta y que ninguno de ellos realmente tiene la culpa. Su satisfacción con el sustituto de las "cosas" que han adquirido es ilusoria: Roberto suele repetir deprimido que "nada tiene sentido, que lo único que [hacen] es comprar cosas con el dinero que [gana él] pavimentándole la boca a una cantidad de vejestorios ricos [... y] que no pued[e] reducir [su] vida al orgullo de poder pasar cuentas" (*TNB* 125). Por otra parte, por los largos años que llevan juntos, ya ninguno de los dos cree tener nada personal e íntimamente suyo. Para Marta, quien pierde incluso la última falange del dedo meñique, es como si "bajo la presión de Roberto, ya hubiera comenzado a desaparecer definitivamente," mientras que Roberto se encierra en el cuarto vacío como si fuera su último refugio, pensando que Marta ha "transgredido todo lo suyo" (*TNB* 170). [5] Se han quedado "hablando medias palabras", sin poder comunicar su incomprensión y dolor (*TNB* 160). Por fin Roberto trata de articular que "las cosas desaparecían" pero que "[n]o eran robos" y revela sus deseos de "que Marta se enfrentara de una vez y para siempre con el hecho de que no eran robos" sino "otra cosa" (*TNB* 156). Es evidente que la desaparición de los objetos, la ruptura del hogar definitivo, las "medias palabras" o las que sólo sirven para disfrazar otra cosa, y hasta la mutilación de un miembro de la pareja responden en forma concreta a la pérdida o la carencia de tantos elementos intangibles de su matrimonio y de sus identidades individuales, y no a una invasión amenazante desde fuera.

Cuando Roberto encuentra un papelito que dice ÁTOMO VERDE NÚMERO CINCO "y en seguida una dirección, PESO —la calle—, 108", los dos se agarran de él como si fuera la clave para recobrar todo lo perdido y solucionar todo lo que no comprenden: "inmediatamente se reestableció una complicidad entre los dos, un estamento, de tantos en su relación, que faltaba desde hacía mucho tiempo" (*TNB* 171, 172). Deciden lanzarse en busca del cuadro perdido:

> En el vestíbulo soñaron, un instante, en cómo sería el vestíbulo a su regreso, cuando hubieran recobrado todo lo perdido, y era como soñar con la paz y el descanso que proporciona el lenguaje de los objetos queridos que sirven como puentes para comunicarse, o como máscaras

---

[5] Para Isolina Ballesteros, el cuarto vacío «es la pista que nos permite intuir desde el principio que la apariencia de plenitud es ficticia, y que anticipa el 'inmenso escenario vacío' en el que se perderán» (Ballesteros 1994: 986).

> que los protegieran de la desnudez hostil que habían estado viviendo desde hacía tantos días (*TNB* 172).

Al mismo tiempo, saben que si salen ahora lo arriesgan todo: pueden perderse definitivamente en la ciudad, sin ninguna posibilidad de encontrar la casa otra vez (*TNB* 173).[6] Si Roberto antes miraba las calles, tapadas por un cielo muy bajo, como "un ataúd" (*TNB* 111), ahora perciben la ciudad como el terreno de la "desnudez hostil" donde estarán expuestos.

La vuelta a la casa, incluso si fuera posible, no puede restaurar el orden perdido. El espacio encerrado ya está marcado por los signos del amplio mundo de afuera. Los "miles de lentejuelas" verdes del vestido de Marta se encuentran salpicadas por el salón entero, mientras que "desde el cielo despejado se burlaban unas galaxias verdosas, millares de estrellitas minúsculas salpicadas en el cielo" (*TNB* 155). El cambio se ha instalado no sólo en el piso, sino también en el último recinto protegido del cuarto vacío (con la desaparición de la bombilla), indicando que no hay lugar donde puedan esconderse.

Optan por el mundo de afuera "como si [...] trajera la respuesta a todas las preguntas que no sabían ni siquiera cómo comenzar a formular en sus mentes" (*TNB* 146). En el laberinto peligroso y hostil de la ciudad encuentran el envés de la medalla, los grandes espacios desorganizados en que reconocen "otra belleza, pero belleza" (*TNB* 180). Su guía por el laberinto es el "hermano del portero" que reaparece ahora de taxista y a quien consideran "dueño de todos estos grandes espacios de-

---

[6] Curiosamente, ya deben saber que el intento será en vano, aunque no parecen recordar la explicación más inmediata. El lector todavía debe recordar esta descripción original del cuadro:

> No era grande: sesenta por ochenta. [...] y era liviano, no sólo de factura, sino de peso: un kilo y ocho gramos recordaba [Roberto] con toda precisión porque lo anotó en un papelito, ya que antes de decidirse a bautizarlo con el nombre que actualmente ostentaba había considerado como posibilidad llamarlo PESO 108 (116).

En el momento de salir, en cambio, «[n]o reconocieron la letra, aunque se parecía un poco a la de Roberto, y ninguno de los dos pudo recordar por qué estaba ese papelito ahí ni qué era» (*TNB* 171). Al borrar de la mente el contexto de las palabras, creen abrir otras posibilidades, pero para el lector debe ser evidente que se están engañando.

sordenados" (*TNB* 180).[7] La búsqueda enloquecida adquiere características esperpénticas y absurdas: de algún modo imprevisto la supuesta "dirección" sí parece existir entre un enredo de callejuelas en un sector desierto, salvo que "Peso" es un callejón de una cuadra donde la búsqueda del número los mete en otro laberinto.

Se convencen de que el taxista/el hermano inexistente del portero que los acompaña es peligroso y los va a atacar (a pesar de que no da ninguna señal de violencia). También afirman que no sólo los despojó del cuadro sino que ahora los despojará del papelito donde creen leer la única dirección adonde pueden ir: "Roberto le dio una bofetada en el rostro. Ahora, ahora, atemorizarlo para que él sintiera un terror mayor que el que ellos sentían" (*TNB* 184). Han insistido en malinterpretar trágicamente sus actos y sus palabras, leyendo en sus gestos las señales de "un excelente comediante" y en su voz un tono "falsamente melancólico" (*TNB* 179, 183). La mala lectura que comenzó con "Peso 108" continúa ahora con su inhabilidad de interpretar correctamente al pobre hombre que los ha ayudado de buena voluntad.

Después de dominar violentamente al asustado taxista y despojarlo de todo, reparten lo que ellos sí han robado para así recobrar un simulacro de las "cosas". Ahora, sin embargo, esas "cosas" no pueden servir para reemplazar la máscara perdida, ya que consisten en "un llavero, un paquete de cigarrillos, un encendedor, una canica" y "más y más cosas" igualmente anónimas y sin valor (*TNB* 185). Siguen peleándose:

> gritándose todo lo que no se habían gritado jamás en la vida porque ahora [...] tenían que continuar, [...] gritándose verdades, groserías, rencores guardados desde siempre porque eran seres civilizados, [...] las manos crispadas sobre jirones, sobre el terror, apretando trozos del otro a quien odiaban con un odio que iba montando hasta anular todo lo demás (*TNB* 186).

Se quedan completamente desnudos, totalmente despojados de todas las posesiones y las máscaras, en medio del escenario vacío donde se apaga la luz: "Todo les dolía, adentro y afuera [...] La muerte no era terrible, sólo la desnudez que uno veía y odiaba y temía en el otro" (*TNB*

[7] Aunque han inventado la ficción que es el hermano del portero, en otros momentos tienen que reconocer que es «el hermano inexistente —sí, inexistente— del portero» (*TNB* 156).

187). El espacio enorme repite las características del cuarto vacío, salvo que es de dimensiones gigantescas. Retroceden como dos fieras despojadas de cualquier resabio de civilización, "sin memoria, sin pasado, sin futuro, [con] sólo este estrecho presente de violencia":

> como dos animales que se separan justo en el momento antes de lanzarse uno encima del otro para destrozarse o poseerse, o antes de dar vueltas las espaldas y huir aullando de terror hasta perderse por el inmenso escenario vacío (*TNB* 187-188).

Se han liberado definitivamente de los confines del piso, un paraíso ahora perdido y que lo era siempre, para contemplar toda la inmensa extensión cósmica en que perderse o para destrozar los confines físicos de su propio cuerpo. El texto se niega a resolverse, prefiriendo la ambigüedad inquietante. Han progresado desde el no poder decir nada que rompiera el cuadro perfecto, como si las palabras causaran la ruptura. Tampoco pueden restaurar el falso orden después. Por un sutil cambio de contexto, quizás porque han olvidado o negado la mera posibilidad de cambio, están condenados a pasar de un código que dominan a otro donde se pierden. El resultado del cambio es a la vez trágico y positivo: se les abren varias posibilidades, entre ellas destrozarse, unirse o perderse huyendo. La expulsión de la casa tiene su impulso dentro de ellos mismos: terminan expresando lo que más temen, se vuelve concreto y ocurre, y tienen que enfrentarlo.

Quizás se puede leer en *"Atomo verde número cinco"* un paso más de la historia comenzada con la tía Matilde en "Paseo". Lo que la tía encuentre en las calles de la ciudad es desconocido en el texto del cuento, mientras que aquí hay un intento por representar el encuentro con el mundo de afuera. La novelita sigue negando la posibilidad o incluso la necesidad de un final definitivo, sin embargo. Por eso *"Atomo verde"* es también una representación del acto de leer y escribir y de la última dificultad de definir un sólo significado para cada acto o cada palabra, en la "región misteriosa" donde los contextos cambian y se renuevan.[8] Si domina en *"Atomo verde"* un tono más hostil, quizás sirve para descartar de una vez y para siempre la noción de la "obra dcfinitiva" o de una lectura definitiva y la correspondiente reducción del significado.

[8] Para Magnarelli, la pareja «has totally failed to see the arbitrary and ephemeral relationship between the signifier [...] and the signified» (Magnarelli 1982: 85).

# III. *Casa de campo* y la antropofagia redefinida

Si la complejidad narrativa de una obra como *El obsceno pájaro de la noche* es alucinante por la bifurcación de la trama y por la continua fragmentación y reencarnación de la voz narrativa, la complejidad narrativa de *Casa de campo* no es menor, aunque los personajes que nos ofrece tengan la existencia bidimensional de los de un fresco *trompe l'oeil*.[1] A través de esta caracterización emblemática, la novela explora en distintos niveles la mitificación y desmitificación del poder de crear "la verdad" y definir "el significado" absoluto. Tanto el juego de los niños de "La Marquesa Salió A Las Cinco", como la fábula de los antropófagos creada y mantenida por los grandes, hasta el interpelado encuentro por la calle entre el personaje del narrador/"autor" y uno de los Ventura, revelan un continuo burlarse de la ficción del control y de la autoridad. Lo cuestionado no es sólo la ideología bidimensional de los Ventura y lo que representen, sino el lenguaje mismo que "paradójicamente, da forma a la ficción contra la cual reacciona".[2]

En el mundo compuesto por Marulanda y sus alrededores los Ventura viven la ambigüedad real-irreal. "Desde siempre" según la mitología familiar (que así vuelve irreal el pasar del tiempo), han cumplido con el rito de pasar los tres meses de verano en la casa de campo. En medio de una inmensa llanura cercada por montañas azules que tiñen el horizonte, se sitúa la casa con su parque delimitado por una empalizada de hierro.[3] Como espacio físico definido, existe en función de un esce-

[1] José Donoso, *Casa de campo*. Barcelona: Seix Barral, 1978 y 1981. En adelante se usarán las siglas *CC*, refiriéndose a esta edición.

[2] Enrique Luengo, «Inteligibilidad, coherencia y transgresión en *El obsceno pájaro de la noche* y *Casa de campo* de José Donoso.» *Hispanófila* 108 (1993 mayo): 75-87.

[3] La repetición homérica de ciertas frases como ésta («las montañas azules que tiñen el horizonte») caracteriza el discurso familiar de los Ventura; la creación de un ca-

nario estetizante de una "irrealidad protectora" donde se borra lo auténtico:

> Su parque de castaños, tilos y olmos, sus amplios céspedes por donde ambulaban los pavos reales, la diminuta isla de *rocaille* en el *laghetto* de aguas ahogadas por papiros y nenúfares, el laberinto de boj, el rosedal, el teatro de verdura poblado de personajes bergamascos, las escalinatas, las ninfas de mármol, las ánforas, remedaban sólo los modelos más exaltados, desterrando toda nota que lo comprometiera con lo autóctono (*CC* 57).

El paisaje legítimo y verdadero ha sido cubierto por otro falsificado, donde las cosas no son "realmente lo que aparentan o lo que designa el nombre que les es aplicado".[4] Así se forma un contexto donde lo originalmente investido de autoridad ha sido enmascarado o desterrado, y donde los nombres aplicados a las cosas o los eventos se revelan como altamente arbitrarios.

Del mismo modo en que el parque recreado sirve para borrar o encubrir otra realidad, ha desaparecido de la mitología familiar el hecho de que la única y verdadera *raison d'être* de Marulanda sea la de encubrir y negar. Por una parte, la llanura *no* ha sido así "desde siempre": antes un sitio feraz y útil, la productividad vernácula de la región fue exterminada varias generaciones antes por la introducción de cierta gramínea. La planta rápidamente devoraba y destruía todo, transformando el paisaje autóctono y encubriéndolo bajo esa máscara. Por otra parte, la construcción anterior de la casa misma se había hecho encima de una antigua mina de sal, con el propósito de controlar la mina y rematar de paso la guerra contra los "peligrosos" nativos. La sal, antes "una suerte de dinero que permitía a los aborígenes desarrollar su propio rudimentario comercio", pasó al control de los Ventura, no con el fin de hacer uso de ella sino sólo para arrebatársela de los nativos, ya que les permitía obrar con libertad. Cuando los nativos perdieron tanto la sal y el recuerdo de su importancia, como su propia independencia de los Ven-

rácter épico o mitológico para Marulanda es el resultado directo de esta técnica verbal (entre otras) en que insisten los personajes. Las mismas técnicas verbales se repetirán hasta cierto grado en «La Marquesa Salió A Las Cinco».

[4] Véase «auténtico» en el *Diccionario de uso del español* de María Moliner (Madrid: Gredos, 1982): 306.

tura, "la sal dejó de representar la autonomía de los nativos, y, por lo tanto, el peligro" (*CC* 350). Los antiguos túneles y cavernas de la mina perdieron su función original al ser utilizados para encerrar los tesoros y ropajes arrebatados de los nativos y ocultados allí para que no disputaran su sometimiento (*CC* 79). Las lanzas de hierro con punta de oro, también quitadas de los nativos, fueron convertidas en la reja que ha marcado el perímetro del parque (*CC* 105).

Así Marulanda entera —desde los sótanos de la casa misma hasta la reja que delimita los extremos del parque— y la mitología familiar recreada alrededor de ella, sólo existen en función de encubrir otra realidad (todavía subyacente). Cuando los Ventura "sellar[on] definitivamente la mina con un voluntarioso olvido" (*CC* 350), pensaron sepultar todo vestigio de peligro para la consolidación de su dominio. Despojados los nativos de sus armas, "sus arreos de guerreros y sus paramentos sacerdotales" —todas las señales externas de su autoridad original—, andan desnudos a manera de protesta, pero "el porfiado silencio de muchas generaciones" de Ventura ha enterrado en el olvido el significado de su desnudez, con la intención de arrebatarles también esta última señal de insurrección.

La deliberada bidimensionalidad del modo de vivir en Marulanda guarda un estrecho paralelo con el carácter teatral del espacio. Bajo el lema de "nunca [...] olvidar que la apariencia es lo único que no engaña" (*CC* 16), los Ventura se han creado un mundo insulado, de símbolos, posturas estilizadas y rituales. Como el fresco *trompe l'oeil* o la biblioteca donde "detrás de [...] miles de lomos de soberbias pastas no existía ni una sola letra de molde" (*CC* 33), los Ventura se organizan según una serie de actitudes rememoradas, unos *tableaux vivants* que son más un producto que un acto. El amor maternal y el cuidar a los hijos se expresa durante la "hora de los arrumacos", una competencia afectiva en que las madres "hace[n] gala de su ternura" (*CC* 29). El carácter inherentemente vacío y egoísta de esta pose se evidencia en la consagración de Ludmila como "vencedora [...] en las justas de ternura" porque intenta ahorcarse cuando su hija sufre un desmayo —"pero atrayendo hacia ella los cuidados de los médicos y de la familia" (*CC* 29). Esta farsa del amor expone y consagra en cualquier gesto o palabra entonces no sólo la ausencia de un fondo auténtico sino también la apropiación de la forma para servir otros fines, pervirtiendo la relación entre significante y significado y anulando toda interacción.

Otra institución en Marulanda es la tarea anual de reclutar al "ejército de sirvientes", meterlos en los uniformes y entrenarlos, primero para exterminar en los niños toda huella de la "antropofagia", y segundo, para:

> mantener la rigidez de las jerarquías [...]: todo era cuestión de *tenue*, de conducta irreprochable reflejada en formas irreprochables. Si la *tenue* era perfecta no era necesario traspasar la identificación de su indumentaria —y del rango simbolizado en ella— para verse enredados con personas inferiores cuya esencia era ser suplantables (*CC* 38-39).

Los equipos se devuelven al final de cada verano para ser rellenados por otros sirvientes el verano siguiente, y la actitud familiar ha logrado fundir al lacayo con su librea hasta tal punto que obligan a uno a quedarse parado en cierto sector del parque porque hace falta una nota de rojo. La insistencia de los Ventura en no reconocerles ninguna individualidad ni humanidad los reduce por una parte a una presencia bidimensional que se funde con el decorado, pero más que nada es un intento de borrar cualquier cuestionamiento de las reglas establecidas, el que pudiera amenazar el frágil orden de la casa, y reforzar la jerarquía reinante y los mecanismos que delimitan claramente las fronteras del poder.

Los Ventura se preocupan por controlar a sus propios hijos, y Wenceslao es el niño más peligroso de la casa por ser hijo de Adriano Gomara. Wenceslao ha tenido que vivir disfrazado de "*poupée diabolique*", con su hombría anulada por calzones de encaje y tirabuzones *à l'anglaise.* La mitología familiar ha trabajado por años para convertir a Gomara, el único que cuestiona y subvierte las leyes de la casa de campo, en "loco" y "criminal", endrogándolo y encerrándolo en una torre. A Wenceslao le asignan un disfraz que quisiera borrar su virilidad y potencia para transformarlo en el equivalente de un perro faldero o una muñeca viva, un entretenimiento inofensivo que por ende no puede encarnar ningún peligro auténtico. El día de la excursión, la que el narrador se propone usar "como eje de esta novela", Wenceslao se adueña del "disfraz de lo que él nunca dudó ser" (*CC* 28), para iniciar los eventos que liberarán a su padre e instalarán la plena rebelión en la casa de campo.

De hecho, el paseo es instrumental en revelar que detrás de cada "tupido velo" que insisten en correr los Ventura, se esconden los agentes destructores de las mentiras fabricadas por la familia para componer el orden. El paseo mismo (a un fabuloso paraje que es también la invención de la mitología familiar) responde al deseo de los grandes de eludir lo que estén tramando los niños, en lo cual sienten ya —inexplicablemente— alguna oscura amenaza. La ficción que es Marulanda, y las relaciones bidimensionales establecidas por convención dentro de sus fronteras, se fundamentan en las formas, la *tenue*, el "tupido velo" que anula cada "esencia suplantable" por ser problemática. Si reina el código de "no ver", "no hablar de...", entonces el silencio y la ceguera, como la ceguera de Celeste, quisieran proteger la ficción de un dominio eterno y absoluto.[5] Paradójicamente, revelan todo lo contrario:

> En la noche, el toque de queda que implacablemente apagaba voces y luces, inauguraba el terror: [...] el vaivén de las altísimas gramíneas producía con el roce de sus tallos un murmullo que por constante era casi imperceptible [...y] merodeaba el sueño de los Ventura como el portentoso rumor del océano [...]. Esa monodia vegetal exhumaba voces inidentificables [...y los niños] se quedaban escandiendo los susurros por si contuvieran amenazas de los antropófagos del presente o del pasado, de la verdad o de la ficción (*CC* 18-19).

El código impuesto por los Ventura es insuficiente ni para contrarrestar su propio terror ni para callar el portentoso rumor, el murmullo constante, de los elementos que explotarán la ficción de un control unívoco, y que existen ya y "desde siempre" —según los dictámenes de las tradiciones inmemoriales de la familia— como la llanura misma y la casa de campo.[6]

Mientras una lectura alegórica/histórica del texto, como la de Luis

---

[5] «Nada, en Marulanda, ni un florero, ni una cornucopia, ni la coreografía de las ceremonias familiares jamás cambiaba de sitio ni de forma, para que de este modo la memoria de Celeste erigiera en verdad la farsa del mundo que no veía» (*CC* 142).

[6] Adriano Gomara, el «liberal» temido y expulsado por los grandes, se siente mesiánicamente llamado por los nativos, cuyas voces se identifican en la novela en más de una ocasión con el murmullo de las gramíneas: «escuché mi nombre [habla Adriano] susurrado por cientos de voces que se identificaban con el murmullo de las gramíneas. [...] encontré a los hombres de la tribu esperándome afuera de la reja, susurrando mi nombre con ese fervoroso secreteo aprendido del rumor de las gramíneas» (*CC* 67). Cuando un pequeño grupo de niños (ayudado por los nativos sin saberlo todavía) trabaja por la noche por soltar las lanzas, «los golpes de sus martillos [son] protegidos por el murmullo ensordecedor de las gramíneas que así se hacían sus cómplices» (*CC* 118).

Iñigo Madrigal y Ricardo Gutiérrez Mouat entre otros, les asignará ciertas correspondencias a los mayores, los niños, los sirvientes, etc., por la posibilidad de ver representadas en ellos unas características "reales" de otros grupos extratextuales (la oligarquía terrateniente, las capas medias, y las Fuerzas Armadas respectivamente), un examen cuidadoso del código de los Ventura señala una necesidad inherente en su discurso monológico de crear la fábula de lo monstruoso para convalidar su propio dominio.[7] Es sólo en el mundo bidimensional de los mayores que su "nosotros" puede definirse y justificarse en oposición a "los otros".[8] La amenaza no está tanto en una posible insurrección de los nativos/"comunistas" contra la explotación socio-económica, sino en la desintegración desde dentro del grupo dominante mismo.

De hecho, el vínculo entre los mayores y los niños debería ser el más fuerte, por formar el círculo de los Ventura, pero el ascenso a los dieciocho años al grupo de los grandes no es automático: hace falta internalizar los dogmas excluyentes y represivos de la familia. Por eso los niños (y un intruso como Adriano Gomara) todavía no incorporados al círculo de la autoridad representan un mayor peligro que los "antropófagos"; mejor dicho, la "antropofagia" entre los niños es el mayor peligro.[9] Wenceslao, por ejemplo, quien encabeza la eventual destrucción del mundo de los Ventura,

---

Visto en este contexto, es significativo que el primer trabajo de «las falanges de sirvientes» cada verano sea «una ofensiva de suprema eficacia» contra las gramíneas, arrancando y extirpando cada «brizna de la plebeya hierba» dentro de la reja del parque para que los señores no tengan siquiera que verlas ni confrontar sus murmullos (*CC* 290).

[7] Véase, por ejemplo, Luis Iñigo Madrigal, «Alegoría, historia, novela (a propósito de *Casa de campo*, de José Donoso).» *Hispamérica* 9.25-26 (1980): 5-31.

Para David M. K. Sheinin, Luis Iñigo Madrigal ha exagerado «the novel's allegorical representation of a 'neocolonial order'»: *Casa de campo* «does not focus on class conflict, but on the dynamics of dissidence within elite groups» (Sheinin 1992: 161 nota 4, 155).

[8] Literalmente, los mayores y los nativos no hablan la misma lengua, aunque Adriano Gomara y los niños sí se comunican con los nativos. Al mismo tiempo, cuando los niños están en desacuerdo con los mayores, se refugian en el lenguaje de La Marquesa, un idioma inventado que a los adultos les parece no tener una mayor significancia. Igualmente, cuando el pequeño Amadeo actúa de espía para Wenceslao, se refugia en una jerigonza apenas disfrazada pero indecifrable para los adultos y los sirvientes, lo que lo deja obrar con libertad.

[9] Ya hemos notado que el primer deber de los sirvientes es extirpar *en los niños* toda huella de la antropofagia (*CC* 38-39).

> jamás dudó que éstos [los antropófagos] fueran otra cosa que una fantasía creada por los grandes con el fin de ejercer la represión mediante el terror, fantasía en que ellos mismos terminaron por creer [...] su existencia se venía asegurando en la familia de generación en generación, [...] sin la cual, quizás, la familia perdería cohesión, y por lo tanto, poder (*CC* 34).

Ser "antropófago" entonces equivale a "desobedecer, ensuciar, reclamar, destruir, atacar, [y] minar la paz y el orden mediante la crítica y la duda" (*CC* 39). Obviamente aquí no se trata de reprimir "mediante el terror" de generación en generación a los nativos sino a los niños, entre quienes los grandes buscan consolidar "una *homogeneidad* que los ataría con los vínculos del amor y del odio secretos, de la culpa y el gozo y el rencor compartidos". Estos valores que se excluyen mutuamente los unen en silencio para que sea innecesaria "otra forma de comunicación que la de repetir los dogmas". La verdadera amenaza a su autoridad reside en que "[u]na vez violados estos ritos nada podría contener la diáspora" (*CC* 59): es decir, la apertura hacia la crítica, la duda y el cambio. Es ésta, efectivamente, la situación al final de la novela.

Si el léxico tribal excluyente es la barrera impuesta por los Ventura entre ellos y "lo que era más elegante no ver" (*CC* 17), los niños por su parte se han refugiado en "La Marquesa Salió A Las Cinco", una "actividad" de índole teatral llevada a cabo bajo sus propias reglas y en su propio lenguaje marquesal. Una pequeña *élite*, "propietarios de la fábula", organizan los episodios del juego:

> para tejer un sector de la vida de Marulanda que interponían entre sí y las leyes paternas, sin tener, de este modo, que verlas como autoritarias ni rebelarse. Proporcionaban con esto [...] una huida hacia otro nivel para aguardar allí, [...] sin tener que enjuiciar los dogmas, el momento en que ellos también fueran "grandes" y ascendiendo a esa clase superior dejar de ser vulnerables a las dudas [...], para transformarse ellos también en manipuladores y creadores de dogmas (*CC* 95-96).

Al huir de la posición de espectadores de su propio juego, buscan evitar el asignar ciertos valores a sus acciones. Al tomar conciencia de las reglas que imponen en el juego, están obligados a contemplarse autoconscientemente.[10] "Hoy" —el día/año de la excursión— hay una innegable conciencia del grupo que "se sabía envidiado y que utilizaba esa envidia como arma para rechazar, excluir, premiar, castigar, despreciar", de que las reglas del juego no bastan para alejar la duda:

> –Yo quisiera amarte, Melania –murmuró Mauro–. Sin embargo, no existe compromiso entre tú y yo hasta que nuestras palabras habituales no cambien de significado por la alteración del contexto en que son dichas. Hoy es distinto, la convicción marquesal no me basta (*CC* 97).

Es la invasión de la duda entre los niños lo que les llevará a ellos a sacar las lanzas que forman la reja del parque, transgrediendo los confines artificialmente impuestos: un pequeño acto subversivo que provoca el cambio y derrumba las convenciones de la casa.

La excursión, "eje de esta novela", es la actividad que mejor refleja entre los grandes el significado de "La Marquesa Salió A Las Cinco" entre los niños, ya que "elaborando los detalles de este pasatiempo inaudito era necesario hablar de él, y dejaba de ser imperativa la conversación [de una auto-conciencia implícita] que debía definir el miedo para concederle todo su rango" (*CC* 22). Los propietarios de esta fábula han resuelto de antemano sólo "ver" y "oír" lo que han determinado reconocer:

> hicieron comparecer ante ellos a delegaciones de nativos que podían saber algo: [...] por medio de torpes onomatopeyas lograron confirmar la existencia del paraje que ahora todos ansiaban que existiera. Su configuración, al parecer, no quedaba muy por debajo de lo que las fantasías del ocio veraniego hizo fermentar (*CC* 23).

Como nuevos "descubridores", los Ventura examinan los objetos maravillosos traídos ante ellos por bandadas de nativos cuyo idioma desconocen, e imponen en "una flor azucarada, [...] un pájaro de cabeza de pedrería, [...] cuencos llenos de arena de plata, [... y] tenazas purpúreas de crustáceos desconocidos" los signos que confirman la cercanía de su propio paraíso terrenal (*CC* 24).[11] El "edén" que se inventan y luego salen a buscar los pondría a salvo del pasar del tiempo, y por consiguiente del caos y el cambio.

---

[10] Mikhail Bakhtin, «Author and Hero...», *Art and Answerability*, 74-75. Para Bakhtín, lo que radicalmente distingue el juego de la creación artística es la ausencia en aquél del espectador/autor, una conciencia activa afuera del juego y que, al observarlo, lo transporta a otro plano.

[11] Hay sutiles conexiones establecidas intertextualmente entre la escapada de los Ventura y los viajes de «descubrimiento» de Cristóbal Colón, en particular: la búsqueda

Por eso al volver del paseo insisten todavía en que sólo han tardado un día, y no un año. Al enfrentarse con algún cambio, lo declaran una ficción y se niegan a reconocerlo. En el caso de un niño nacido a dos primos de dieciséis años durante la ausencia de los mayores, lo ahogan en una noria ante "una niña histérica [que] había confundido irreversiblemente la ficción de La Marquesa Salió A Las Cinco con la realidad" (*CC* 253), elevándose a la posición de espectadores del juego de los niños. Cuando los primos abandonan el juego e insisten en que hace un año que están allí muriéndose de miedo, los grandes persisten en enmascararlo todo bajo las convenciones de lo ficticio: "rieron al unísono, como con un chiste bien ensayado en una obra de teatro" (*CC* 253). Cuando ya se han deshecho alrededor de ellos sus propias reglas del juego, sin embargo, se apropian de las de los niños: una hora antes de que se muera Arabela en los brazos de una extranjera, se le explica a ésta que la niña "[s]ólo está jugando a La Marquesa Salió A Las Cinco" (*CC* 451). El realismo de los eventos que ahora supuestamente caen bajo las convenciones fabulosas de La Marquesa, "esa máscara que encubría la mascarada" (*CC* 149), al final trasciende la propia realidad novelesca.

El significado de la antropofagia, como el de La Marquesa, también sufre múltiples transformaciones en el contexto de esta novela. Primero es un simple epíteto lanzado por los grandes contra los enemigos del régimen, los que predican la desobediencia y el minar la paz y el orden. Luego se convierte en un arma de tortura en manos de los sirvientes, quienes reemplazan a los señores ausentes al tomar control de la casa después de la rebelión: les informan falazmente a los niños que "son ali-

---

de un lugar utópico, la imposibilidad de comunicación con la población indígena, la interpretación de objetos y la insistencia de ver en ellos no su auténtica esencia sino señales de lo que los Ventura quisieran confirmar, y en este caso el recurrir a «mapas, [...] crónicas, [y] cartas» supuestamente archivados desde épocas muy remotas. El contexto histórico reanimado intertextualmente subvierte el propósito explícito del paseo —«de puro entretenimiento»— y expone en primer plano las intenciones míticas de este viaje de descubrimiento. En este caso es una exposición sumamente irónica, ya que el «edén» que frenéticamente persiguen los Ventura les permitiría refugiarse fuera del tiempo y el espacio y fuera del alcance de los que les arrebatarían el poder absoluto. Lo que persiguen sería efectivamente otra «casa de campo» —ya que se lo llevan todo al partir— donde encerrarse, sin la necesidad de murallas físicas puesto que ya han dejado atrás a todos los promotores de la crítica y la duda en la vieja casa de campo (ahora con la reja destruída y abierta a la insurrección).

mentados diariamente con carne humana [de los caídos en la continuada resistencia] y en consecuencia se puede decir con plena justicia que [...] son antropófagos..." (*CC* 341, 342). Sintiéndose traidores involuntarios y literales de los amigos nativos, los niños aprisionados "fueron enflaqueciendo peligrosamente, [...] los rostros hundidos por el hambre que los enloquecía" (*CC* 342), fieles todavía a sus propósitos pero incapacitados para reaccionar por no provocar represalias. Cuando los grandes o sus representantes manipulan el discurso, "el horrendo crimen de la antropofagia" equivale a la subversión del orden; el verdadero significado de "devorar" (matar/acallar) a otro ser humano está reprimido.

Cuando vuelven por fin los mayores, el término que había sido propiedad exclusivamente suya para denominar a los que cuestionaban su autoridad, les es quitado y devuelto ahora con un mayor grado de autenticidad. Los niños los acusan de ser los verdaderos antropófagos, los que realmente "devoran" carne humana, ya que han hecho matar a tantos insurrectos. El carácter salvaje de la represión acusa su barbarie. Con el autosacrificio del pequeño héroe Amadeo, sin embargo, el acto literal de comer carne humana (exento aquí de violencia) adquiere una dimensión simbólica y un valor tal que aniquila una vez para siempre el poder de la palabra manipulada por los grandes para conjurar una versión falsa de los hechos. Ofreciéndose al morir para ser comido por sus compatriotas, Amadeo les pregunta si "tienen miedo, como nuestros padres, de ser antropófagos" (es decir, de "desobedecer", "reclamar" y "minar la paz y el orden mediante la crítica y la duda", como hemos visto). En este momento decisivo, Wenceslao intuye que "sólo cuando los nativos se resuelvan a ser antropófagos de veras, no simbólicamente, se salvarán de su destino de vasallos" (*CC* 388, 389). Si "el que devora se adueña del valor y de la sabiduría del devorado", gráficamente reuniendo al otro en sí mismo, entonces la antropofagia deviene un signo de compromiso con los demás, del poder libertador de la verdad, de fundir y anular los dos extremos de las oposiciones binarias, y de afrontar con valentía aun lo más temible y tabú.[12]

---

[12] En el caso de Amadeo, ciertas expresiones de una afectación ridícula («es exquisíto», «es una ricura», «es de comérselo ese niño») usadas a menudo por los grandes para referirse a él, han de cobrar un significado literal inesperado, quizás en una inversión irónica de la costumbre de los Ventura de vaciar las palabras de todo significado

Tanto en el pasatiempo de "La Marquesa Salió A Las Cinco", como en el léxico tribal y los consabidos "tupidos velos" de los mayores, hay en toda Marulanda unas reglas del juego que construyen y controlan el orden y la seguridad, dándole un carácter mítico al poder. Eventualmente los mecanismos mismos rigen de tal modo el mundillo que encierra a los habitantes, que son necesitados del cambio y una existencia de mayores dimensiones. Quizás en esto se encuentra la clave para descifrar el curioso episodio en el Capítulo Doce en que se intercala un supuesto encuentro por la calle (que "podía haber sucedido") entre uno de los personajes y el narrador/"autor". Éste, que siempre se ha referido a sí mismo como "[el] que inventa esta historia, [...] el que elige narrar o no, o explicar o no, lo relacionado con ella, y en qué momento hacerlo" (*CC* 32), va camino al despacho de su agente literario con la "versión definitiva" de esta novela bajo el brazo, cuando se encuentra con uno de sus personajes, aunque ahora más gordo y con "un tufo trasnochado, denso y podrido" (*CC* 395-396). El "autor" insiste en buscar la reacción de su personaje a lo que ha escrito, incluso leyéndole unas cuantas páginas del manuscrito. Es notable que en el texto del "diálogo" entre ellos, la participación directa del narrador/"autor" esté ausente del texto (representándose sólo por una serie de silencios o supresiones: "–...") o se dé a entender sólo indirectamente, pasada por el recuento del episodio al lector de la novela. El "autor" procura explicarse ante los juicios negativos y la incomprensión del personaje, pero como se ve,

---

(v.g., «amor»), cuando no las manipulan para darles otro significado más siniestro (v.g., «desaparecer»).

En el segundo capítulo de la novela, se preparó otro caso literal de antropofagia entre los Ventura que quedó incompleto. Según Adriano Gomara, los nativos «no com[ían] carne de ninguna clase», pero aquel día en honor suyo sacrificaron un cerdo y le prepararon la cabeza, «la parte más noble de todo ser viviente», en reconocimiento de su «rango de dios» entre ellos. Quizás en una mala interpretación grotesca de la ceremonia nativa, una de las hijas de Adriano luego decapitó a su hermana y horneó la cabeza como les había visto a los nativos hacer con el cerdo. El episodio desencadenó una reacción feroz y enloquecida en Adriano, a quien los Ventura encerraron aquel día en el torreón, manteniéndolo allí después «para evitar el contagio» (*CC* 88). En la «versión oficial», sólo «se podía explicar lo del 'guiso' de la cabeza de la pobre Aída» como «efecto de la influencia nociva de los antropófagos» (*CC* 88). Por el «tupido velo» que corre la familia, creen desplazar de sí mismos a los nativos la infamia y el horror del episodio.

> Silvestre Ventura y yo no tenemos absolutamente nada que decirnos. [...] veo que él también descubre que no tiene nada que decirme: insistir que lo acompañe [...] en absoluto indica ni afecto ni interés, sólo una especie de *horror vacui*, que es necesario llenar aunque sea con compañía indiferente y con palabras descoloridas (*CC* 397-398).

El narrador ha insistido a lo largo de la novela, para "recordarle al lector su distancia con el material" (*CC* 53), que su mundo es una ficción que no debe confundirse con la "realidad", que no ha creado personas sino personajes, y éstos bastante emblemáticos. Ha proclamado ver "un odioso fondo de puritanismo" en "la hipócrita no-ficción de las ficciones en que el autor pretende eliminarse siguiendo reglas preestablecidas por otras novelas, o buscando fórmulas narrativas novedosas que deberán hacer de la convención de todo idioma aceptado como no convencional sino como 'real'" (*CC* 54). Ahora, al buscarse el contacto con un personaje "distinto" y al adoptar un papel también distinto para sí mismo —más allá de la "versión definitiva" que ya no puede serlo—, vuelve a poner en cuestión la ambigüedad real-irreal. En una larga perorata dirigida más al lector que a Silvestre Ventura, el "autor" expone en primer plano las reglas de su propio juego, haciéndose y haciéndole al lector conscientes de todo lo que en un texto "se da por sentado" —en términos de Bakhtín, las precondiciones afirmadas como tan ciertas por sus autores que no necesitan decirse. El narrador de *Casa de campo* cuestiona la jerarquía de las convenciones que definen y delimitan la escritura misma:

> [...] yo no escribo ni para su aprobación ni para su consumo. [...] en el fondo, si escribo, es para que los que son como él *no* se reconozcan –o nieguen reconocerse– ni entiendan. El feísmo extremado de algunos de mis anteriores libros pudo ser absorbido [...] porque toda intención de ser "real", aunque caiga en lo desagradable, cae dentro de lo aprobado [...] [Utilizo] en el presente relato un preciosismo también extremado como corolario de ese feísmo [... a] ver si me sirve para inaugurar un universo también portentoso, que también, y por costados distintos y desaprobados, llegue y toque y haga prestar atención (*CC* 400-401).

A través de este ejercicio de ruptura en el texto, el "autor" llega directamente al lector y le hace prestar atención al hecho de que los mecanismos de la escritura misma encierran a los dos en un mundillo convencional, donde es demasiado fácil regirse por las expectativas, lo tabú y lo aprobado. Después de haber descompuesto así el orden, cierra el episodio desentendiéndose auto-conscientemente de "cierta nostalgia por los materiales literarios de lo que nuestro hábito llama realidad", notando irónicamente que "es sólo cuestión de eliminar mi presencia con este volumen debajo del brazo" (*CC* 404-405). Después de todo, acaba de desmitificar su propio poder echando mano del "*deus ex machina*" de la vuelta de los señores del paseo para que la trama continúe: un artificio que "[le] parece de la misma solvencia que cualquier artificio literario que puede no parecer artificio" (*CC* 392).[13]

En la confusión de tantas reglas y juegos, y al hacer explícitas la construcción y desmitificación en cada nivel de los mecanismos de la autoridad, *Casa de campo* revela la última imposibilidad de existir en la "casa-prisión". El resguardo de la "irrealidad protectora" es una ilusión, ya que lo real lo infiltrará por necesidad desde dentro. La apertura del lenguaje es nuestro único modo de construir y conocer el mundo; ni sistema abstracto ni acto psico-fisiológico, la verdadera realidad del lenguaje es la de una interacción social: "only then can the medium of signs take shape".[14] Por eso, en muchos sentidos una lectura alegórica/histórica de *Casa de campo* que ve en ella sólo la reciente historia política de Chile o aun la de Latinoamérica desde la Conquista, es engañosa y reduccionista.[15]

---

[13] Enrique Luengo apunta que «la autoconciencia discursiva en *Casa de campo* corresponde a una modalidad de conocimiento donde ella misma es el sujeto de interrogación,» y «al cuestionar su materialidad y su modo de construcción llega a ser una alegoría de la escritura.» Agrega que «el cambio constante del foco narrativo desde la 'ficción' a la 'narración' [...] hac[e] de la narración el centro del contenido del texto, medio que permite enjuiciar las convenciones que implica la construcción de la ficción misma» (Luengo 1993: 78, 80).

[14] *Marxism and the Philosophy of Language*, 12.

Es clave notar que en la última página de la novela y a punto de ser borrados por la borrasca, dos de los grandes más aferrados a su existencia bidimensional, «Celeste y Olegario, del brazo, se perdieron en el aire impenetrable, como un enigma carente de significado» (*CC* 498).

[15] No se puede negar que al final tanto algunos de los niños y nativos como algunos de los grandes sufren todos mezclados y tratan de sobrevivir. También es cierto que no todos los niños sobrevivientes han sido partidarios del antiguo régimen de los mayores. Es imposible hacer delimitaciones alegóricas tajantes.

Más allá de esas tentaciones, la desmitificación llevada a cabo por *Casa de campo* de la propia voz narrativa nos recuerda que entre los miles de versiones posibles, con sus "miles de preguntas, con respuestas posibles e imposibles", *esta* historia es la del narrador (*CC* 490). El significado de todo un sistema de valores —la belleza, la verdad, el amor y la razón, entre otros— depende de quien establece y controla el contexto: "la legalidad", por ejemplo, "no era sino una convención inventada para la comodidad de quienes tuvieron el privilegio de crearla" (*CC* 213). La novela nos obliga a cuestionar nuestra construcción convencional de la historia, la política y la realidad misma: reconociendo, en esencia, la poderosa manipulación del lenguaje que fabrica la ilusión de la autoridad, del control, de la "versión oficial". La novela subvierte todo sistema de valores que consagra alguna "cruzada" o "tarea civilizadora" que divide el mundo entre la civilización y la barbarie, en que el "yo" se coloca al lado del "bien" para silenciar y desconocer el lado del "mal", del "otro". La falta de espacio para el cambio y las dudas limita una visión crítica y la relega a una posición irónica desde las márgenes. *Casa de campo* busca hacer borroso y cuestionable el terreno del dominio, incluso de su propio dominio. Por eso los que no aprenden a explotar las palabras se condenan aquí a existir sin libertad; una "convicción marquesal" no basta. Mientras la visión textual asciende de y transgrede el mundo de su propia creación, un significado final se vuelve cada vez menos posible.

# IV. Los signos de la subversión en *Los habitantes de una ruina inconclusa*

El espacio novelesco de José Donoso ha inspirado a menudo la percepción de una serie de mundillos encerrados en otros como unas cajas chinas. Los elementos monstruosos invaden el espacio teatral de la narración para violar esas pequeñas y estériles "cajas de tiempo" y traer, junto con la destrucción, la apertura hacia el cambio y el flujo vital. Una comparación hecha por Antonio Skármeta entre el mundo novelístico de Donoso y el teatro de Egon Wolff ilumina esta perspectiva de una "burguesía invadida".[1] Skármeta ha observado que:

---

[1] Casi el primer lugar común de la crítica donosiana ha sido la insistencia en ver la destrucción de un mundo burgués por otras fuerzas desposeídas, salvajes e invasoras. Emir Rodríguez Monegal, por ejemplo, describe el mundo voluntariamente confinado y semifeudal de Donoso, de una sociedad bastante estratificada y burguesa en decadencia. El salvaje descubrimiento de la violencia que lo acecha destruye los viejos mitos cultivados por la burguesía y resulta en la pérdida de su paraíso («Notas: El mundo de José Donoso,» *Mundo Nuevo* 12 (1967): 77-85). José Promis Ojeda destaca una casta noble y otra plebeya en la obra donosiana, y para él son los rebeldes quienes provocarán a la larga el desastre final en el mundo presentado. Indica la fuerza pánica, primitiva, brutal y agresiva de la casta desposeída, y opina que la introducción parcial de un sector en el otro produce siempre el caos y la destrucción («El mundo infernal del novelista José Donoso,» *Anales de la Universidad del Norte de Antofagasta, Chile* 7 (1969): 201-223). Alfonso Calderón caracteriza al mundo de Donoso como una eterna caja china que admite el orden como dogma («Ese miedo que llaman orden,» *Hoy* 91 (21 al 27 de marzo de 1979): 39-41). Myrna Solotorevsky sigue delineando dos espacios (de los poseedores —la clase alta— que están adentro, y los desposeídos —los mendigos innominados— que están afuera) separados por una frontera de notoria rigidez que otorga estatismo al mundo configurado. El mundo de adentro tiene una función envolvente protectora y el encerramiento, apetecido y rechazado, representa la protección y la libertad, pero también el estatismo y la anulación («Configuraciones espaciales en *El obsceno pájaro de*

> el espacio [...] se configura en forma ambigua; como resguardo y opresión. Dentro, se ventilan las contradicciones de una clase social donde los valores del grupo condicionan radicalmente las existencias individuales. Una generalizada incapacidad de vivir espontáneo, una tensa avidez por conseguir seguridades, una compulsiva manera de vivir la ambigüedad real-irreal, lleva a los personajes [...] a identificarse entre ellos en relaciones de dominio. [...] el dominio de un ser les da la fugaz impresión de ser alguien.[2]

Para Skármeta, el drama de Wolff "ocurre cuando la irrealidad protectora no consigue frenar la filtración de lo real":

> las fuerzas invasoras que irrumpen en el estéril mundo y que dinamizan el ámbito sentando el conflicto [...] son ambiguas: por un lado son las fuentes naturales de una barbarie, seres incultos, desposeídos, elementales, [...] y por otra parte, son elementos destructores, violadores. Dan la vida matando. (Skármeta, 95-96, 93)

Paraíso y prisión, el espacio encerrado se concibe aquí como una "caja de tiempo" para resguardar y asegurar el orden. El encerramiento, desde luego, pretendería proteger a los que están dentro y excluir a los que están fuera, construyendo así cierta sensación de seguridad para aquéllos gracias a su dominio. Al mismo tiempo, los claros límites impuestos por los espacios interiores definirían un terreno que habría que conquistar aquí en una implícita "lucha de clases".

A nuestro modo de ver, sin embargo, el espacio novelesco de José Donoso es siempre el ámbito de una búsqueda, iniciada además por los personajes mismos. Mientras pueden exhibir cierto temor a la inmensidad que es el afuera, exhiben también el deseo y la necesidad de tener acceso a lo otro, por el terror de ser excluídos y de quedarse encarcelados adentro. Sus personajes parecen estar paranoicamente aterrorizados de lo que ellos mismos son. Aunque supuestamente una encarnación del peligro que es el afuera, veremos más bien que los invasores responden en forma concreta al miedo y los anhelos ya vigentes adentro. Ni los

---

*la noche*, de José Donoso,» *Bulletin Hispanique* 82.1-2 (1980): 150-188). Puede verse también, entre muchos estudios más que bien podríamos incluir, el libro editado por Antonio Cornejo Polar, *José Donoso: La destrucción de un mundo.* Buenos Aires: Fernando García Cambeiro, 1975.

[2] Antonio Skármeta, «La burguesía invadida: I. Egon Wolff.» *Revista chilena de literatura* 4 (1971): 91-102; 91.

mundillos novelescos ni los invasores reflejan fielmente la realidad socioeconómica o histórica extratextual: tanto los unos como los otros son de por sí pequeñas ficciones dentro de la ficción, laberintos o enigmas verbales que terminan por subvertir y consumir la propia "realidad" novelesca. Le proveen a Donoso de un terreno para llevar a cabo una serie de inquisiciones sobre la estructura del poder y sobre la naturaleza del lenguaje humano, de la escritura y del ser escritor o creador. Donoso invierte y pervierte toda jerarquía autoritaria de valores para explotar las aperturas —inherentes en el discurso— hacia la multiplicidad de lo real.

Una lectura dialógica de los espacios dramatizados de Donoso y de las figuras marginales que cruzan por esos escenarios ha de diferir en parte de cierta vertiente tenaz y recurrente de la crítica de su obra. A la construcción espacial y a las figuras en el texto se les asignan a menudo unas contrapartidas extratextuales en la "vida real" socio-histórica más o menos actual. La insistencia en valorizar el texto según el grado de compromiso socio-político que deje claro, desconoce el proceso textual igualmente tenaz y recurrente de volver irreales el espacio y las figuras narrativas en la obra de Donoso. Mediados por el orden artístico, nunca son ni completa ni solamente unos espacios y figuras referencialmente "reales", sino que son más bien altamente auto-conscientes. Las escisiones que sufren entre varias repeticiones o recreaciones dentro del texto iluminan su naturaleza auto-reflexiva.

Las figuras marginales forman la otra cara de la misma medalla. Su función de "otros" para la conciencia individual hace concretas dos actitudes hacia la interacción necesaria por el lenguaje: la búsqueda de la integridad que motiva la inclusión del otro puede retratarse como un engendro que devora grotescamente a la conciencia individual, que prefiere deformarse en monstruo antes de no *ser*; alternamente, la lengua amputada o incomprensible de los seres marginales señala la total alienación de una productividad que es *otra* —no la nada, la ausencia total, sino otro orden cuyos valores son implícitamente la inversión de los valores dominantes. Es un orden imposibilitado de recrearse en el discurso monolítico del poder.

Entre las cuatro novelas cortas de *Cuatro para Delfina*,[3] una en parti-

[3] José Donoso, *Los habitantes de una ruina inconclusa, Cuatro para Delfina*. Barcelona: Seix Barral, 1982, 93-147. En adelante se usarán las siglas *CD* para citar de esta edición.

cular nos ofrece una visión muy compleja de la interacción dialógica entre el resguardo y la opresión, en términos tanto espaciales como lingüísticos y socio-ideológicos. *"Los habitantes de una ruina inconclusa"* nos sitúa, según una lectura literal del espacio recreado en el texto, "en una de las calles arboladas más tranquilas de la parte madura de los buenos barrios residenciales" de una "pobre capital latinoamericana" (*CD* 95, 101). Los vecinos, especialmente Francisco Castillo y su mujer Blanca Castillo de Castillo, se molestan por la nueva construcción de un edificio de departamentos que implica la invasión de "otros". "Irritados por esta insinuación de cambio" justo al lado de su casa y jardín edénicos, se sienten vigilados por la "gente inclasificable" que serán los futuros habitantes, y molestados por "los gritos, la efervescencia" de los obreros. Se creen el centro de atención de las miradas implícitas en la multitud de ventanas de la nueva construcción misma, "vigilante, húmeda, inestable y transitoria" (*CD* 95, 98).

Ya mayores los dos, los vemos insulados ligeramente contra el pasar del tiempo en el contexto del carácter tranquilo y homogéneo del barrio: reconocen que en su vida los "mínimos rituales cotidianos [...] adquieren un delectable carácter de hitos reguladores que van dándole homogeneidad y prolongando el tiempo, antes de instaurar el miedo de que comience a escasear" (*CD* 97-98). Cuando la nueva construcción se abandona repentinamente, dentro de poco "[l]os habitantes del barrio sólo recordaban un vago temor de verse invadidos" (*CD* 99). El barrio no recobra para los protagonistas, sin embargo, su máscara de tranquilidad y estabilidad.

---

'*Los habitantes de una ruina inconclusa*' no ha sido muy estudiado por la crítica. En su artículo, «Dos lecciones 'deleitosas' de José Donoso para Delfina Guzmán,» Lucrecio Pérez-Blanco afirma que «la tesis» de esta novela corta es que «la rebelión de las masas es totalmente baldía» (277). Ve en el «esqueleto de cemento del edificio en construcción un claro símbolo»: para este crítico Donoso «trata de convencer a su pueblo de que la revolución surgida de la rebelión de las masas trabajadoras, humildes, arrojaría un saldo tan negativo, que no merece la pena dicha pretensión» (286 nota 9).

Esa lectura me parece complicada por el hecho de que el plan del edificio es la obra de un «arquitecto que era una persona conocida» y la construcción trata de «departamentos de gran lujo»: «se trataba de un edificio de proporciones discretas, para gente muy seleccionada que no estropearía el ambiente armonioso de las buenas casas del barrio [...] ahora que las cosas en el país parecían haber terminado por ordenarse» (*CD* 96).

Siguen sintiéndose perturbados y también curiosamente atraídos por el edificio inconcluso. Lógicamente ya no podría encarnar una amenaza de invasión para ellos; en cambio, son ellos ahora quienes lo rondan y lo vigilan. Por fin Francisco se asoma al edificio y cede a la tentación de penetrarlo, primero con la voz y después paso a paso: "se demoró un poco delante de la construcción abandonada y gritó hacia adentro: ¡Uuuuuuuhhhhhhh! Obtuvo la réplica de un eco. Siguiendo el camino abierto por su propia voz entró en el edificio [...] temeroso de poner en contacto este espacio, que era pura pregunta, con el espacio de su casa, que era pura respuesta" (*CD* 100). La existencia del edificio inconcluso en el texto y la reacción de los personajes principales hacia él empiezan ya a corresponder a un diálogo de pregunta y respuesta. El edificio responde —literalmente— al impulso de ellos de reconocer y suplir alguna carencia o algo reprimido que les hace falta.[4] Por el momento los impulsos de explorar sus aperturas son tentativos, y la pareja actúa todavía bajo cierta represión. El carácter inconcluso y abierto del edificio está en plena yuxtaposición con el recinto encerrado por la casa y el jardín.

Esta primera invasión suya del edificio inconcluso se conecta en el texto con dos otros elementos significativos de la narración. El primero es un volumen, comprado la semana anterior, de antiguas fotografías de la Rusia zarista, que vuelven a hojear ahora. A los dos les suele producir placer y desasosiego al mismo tiempo, "señalándoles vastedades que los hizo sentirse endebles, [...] tal vez porque [...] al elemento de la distancia se agregaba el perturbador elemento del tiempo" (*CD* 101). Son en particular las fotografías de mendigos las que los atraen y perturban simultáneamente:

> hirsutos mendigos y peregrinos con su saco en la espalda y su cayado en la mano, [...] mendigos jóvenes, cuya suciedad y desesperación tenía algo de sagrado, de místico, cubiertos de harapos y perdidos en sí mismos y en el espacio, dueños de un orden de experiencias tan distintas a las de ellos (*CD* 101).

Al intuir algún peligro mal entendido en asomarse a otro orden "que comenzaba justo más allá", la pareja se refugia en los pequeños ri-

[4] Francisco sigue «el camino abierto por su propia voz,» como acabamos de ver (*CD* 100).

tuales cotidianos de sacar a pasear a la perra y del "enigma accesible propuesto por el naipe sobre la mesa de juego" (*CD* 101). El peligro asociado con los mendigos no se dirige hacia las posesiones de otra clase socioeconómica: los mendigos también son "dueños", pero de una libertad y unos conocimientos vistos aquí como sagrados. Unas figuras casi míticas según la proyección de esta pareja, se mueven por el enigma del tiempo y el espacio sin límites. Controlan otro orden, que la pareja reconstruye justo más allá de su alcance. Los anhelos y la insatisfacción que el interpretar el enigma de los mendigos libera aquí en Blanca y Francisco, son lo que pone en peligro el frágil orden del pequeño mundo ritual suyo.

Esta primera inquietud por los mendigos se encarna de repente en una presencia real en el texto. Surge durante el paseo de esa noche el otro de los elementos más significativos de la narración: la figura ambigua de un hombre barbudo que camina con una mochila a la espalda. En el ansia de la pareja por interpretar este enigma no tan accesible, proliferan vocablos sin que ninguno sea adecuado para definir su ser: excursionista, andariego, pordiosero, vagabundo, *clochard, hippie, hobo,* extranjero. Sólo les queda interpretar sus gestos, el modo de andar y de escudriñar un papel que tiene en la mano: "como si fuera cuestión de vida o muerte llegar a una cita", "como quien busca una dirección que no puede encontrar" (*CD* 102). Representa un signo vacío para ellos, y en su necesidad de compararlo con algo reconocible, sus reacciones vacilan entre una paranoia inconsciente ("¿Tocaría el timbre? ¿Venía por ellos?") y una cortesía tan entrenada y automática que funciona como un mecanismo de defensa. Rechazan lo que les preocupa de él y lo reclasifican en términos más fáciles de controlar: "[S]e veía que era un extranjero decente que necesitaba una mínima ayuda para encontrar a parientes en quienes refugiarse por lo menos por un tiempo" (*CD* 105). Empiezan a proyectar sus propios temores, ansiedades y racionalizaciones en esta figura que se ha quedado fuera de sus códigos interpretativos.

Cuando por fin se acercan a él, descubren que no comparten lenguaje alguno que funcione para establecer "un terreno común de comprensión": "el andarín comenzó una larga y encolerizada explicación en un idioma completamente ininteligible, de fonemas y raíces que Francisco no logró reconocer, fuera de todo el ámbito de su conocimiento"; a Francisco se le vienen a la mente varios idiomas más o menos exóticos, antes de admitir que "no conocía ninguno de esos idiomas, pero creía por lo menos ser capaz de relacionarlos con alguna área de la geografía y de la cultura" (*CD* 105). No pueden descifrar ni el idioma ni la vestimenta del andariego, sin nombre y apellido y "sin evidencias de oficio, nacionalidad, dinero, clase social" (*CD* 107), características éstas que lo pondrían dentro de cierto código para ellos.[5] Lo único que "saben" de él son en realidad sólo lecturas o interpretaciones suyas, basadas en lo que para ellos podría ser un tono de voz de agitación, amenaza, agradecimiento, cólera o cortesía. Quisieran entender en sus gestos por lo menos ciertas emociones primordiales, pero las reconocen sólo en función de su propia interpretación de ellas, desconociendo lo que intentara comunicar el mendigo:

> con rabia, el andariego hizo un gesto de violencia [...] que cortaba toda posibilidad de comunicarse por medio de un idioma, gesto que les arrebataba, como con un dolor terrible, su casa, sus muebles, sus cuadros, su jardín, sus libros, y los dejaba viviendo en el agresivo cascarón de la obra gruesa de al lado, esencial y húmeda como cueva para aborígenes (*CD* 106).[6]

El andariego, cuyos pasos por el mundo trazan otro diseño del espacio, sigue siendo la cifra de otro orden de valores que la pareja no ha aprendido todavía a interpretar.

Ven en la figura enigmática del andariego la otra cara del mundo conocido por ellos: el suyo es un mundo de ciertas comodidades, de una casa segura y un jardín edénico, de pequeños rituales familiares; es un mundo que los oprime también. Francisco confiesa: "[P]ese al caos político y económico, [...nuestro mundo] permanece siendo un mundo benigno, y tan chico que a veces me irrito. El mundo del andariego debe ser enorme, hostil, pero libre" (*CD* 107-108). Al fascinarse con el volumen de fotografías, reconocían la tentación peligrosa de asomarse a ese terreno de lo otro. Al escuchar al muchacho ahora hablando por teléfono, no descifran ni las causas ni los contenidos de sus frases, sino sólo las emociones, "una abstracción del odio y el terror puros", y las vuelven a interpretar en el contexto de un peligro que sigue innominado:

---

[5] Es de notar que el andariego no quede facilmente insertado en la clase baja, ni en otra clase reconocible.

[6] Isolina Ballesteros apunta que los objetos acumulados por Roberto y Marta en *Atomo verde número cinco* son las máscaras que los protegen (Ballesteros 986).

quizás recibía "peligrosas órdenes", o "estaba en peligro. O estaba poniendo a otros en peligro" (*CD* 112).

Por fin la ignorancia de lo que motive la violencia y el dolor que creen entender en su voz puede más por el momento que sus deseos de proyectarse en él, y provoca en Blanca una especie de crisis nerviosa. Ella equivale en su mente al andariego del idioma incomprensible con *toda* la gente que ve ahora, con el espacio inconcluso de al lado, con el odio y el terror, y con todo lo que ella no sabe ni conoce y en lo que presiente una oscura amenaza:

> con ojos de terror, gente sin origen y sin destino, hambrientos, desesperados, aterrados: así es toda la gente que veo ahora y no puedo... y ese edificio tan inhumano como el idioma que habla el andariego, vigilando mi jardín..., no puedo..., no puedo... (*CD* 114).[7]

Ya ha intentado expresar su "sentimiento de pequeñez frente a un mundo gobernado por emociones y sentimientos a los que [ella] jamás [ha] tenido ni tendr[á] acceso," un mundo que no entiende ni controla, donde no está segura de nada (*CD* 107). Quizás al fijarse más ahora, de repente le parece *ver* a muchos mendigos por toda la ciudad, sin duda asociales y locos, pero también el emblema de la inestabilidad política, económica y social, vinculados con "la locura de todo lo que estaba pasando" (*CD* 115), lo cual sigue inexplicado en el texto. No son la causa de los trastornos e inquietudes sufridos por Blanca y Francisco, sino los síntomas de su crisis y de una crisis mucho mayor. Ven en otros lo que no entienden en sí mismos.

La alienación y la inestabilidad se van descubriendo más y más en la sicología y el comportamiento de estos dos personajes. Al aceptar de otro andariego enigmático el encargo de guardar un paquete, es como si por fin se comprometieran con el mundo "enorme, hostil, pero libre" que los atrae. La casa y el jardín, y los pequeños rituales cotidianos, han representado cierto orden y seguridad en su vida. Simultáneamente

[7] Paradójicamente, el detalle más revelador aquí a pesar de su ambigüedad es el «y no puedo...». ¿Qué es lo que no puede hacer: ¿tolerarlos? ¿tolerar el pavor y el odio que comparte con ellos? ¿seguir viviendo entre tanta violencia, frustración y miseria? Al no nombrarlo, la complejidad de sus sentimientos no queda reducida para el lector. Al mismo tiempo, su incapacidad de encontrar un lenguaje adecuado para expresarse sugiere que experimenta una profunda alienación. Se ha quedado en el balbuceo.

han sido el emblema de cierta opresión y encarcelamiento, de una existencia bidimensional e incompleta. Ahora con la apertura (aunque involuntaria) del paquete, van adoptando por su cuenta los signos externos de los mendigos. Adquieren el olor del edificio de al lado y la apariencia o el disfraz de los andariegos. Empiezan a ponerse la ropa del paquete, primero lavando y remendándola y después tal como la encuentran. Llegan a arrancar botones, rajar y poner parches en su propia ropa, violando los contornos de su propia imagen para asemejarse más al otro. Se vuelven más asociales, abandonando el sistema de valores que siempre los ha definido, y se sienten más y más involucrados en la enigmática existencia de los mendigos. Estos cambios externos en la vestimenta para borrar evidencias de oficio, dinero y clase social les proporcionan en cambio un nuevo "lenguaje". Eso les permite una tenue posibilidad de entendimiento con los mendigos.

Su compromiso con los mendigos va adquiriendo las dimensiones de una obsesión. Se convencen de que el edificio inconcluso se llena de noche de mendigos como el andariego. Durante el paseo de todas las noches Francisco "ya no sólo se figuraba, sino que en realidad *veía* siluetas, en realidad *oía* voces discutiendo en ese idioma incomprensible dentro del edificio inconcluso, o sentía la transparencia de ojos mirándolo" (*CD* 127). Por fin incluso durante el día creen escuchar voces dentro de la obra gruesa: "se dieron cuenta de que ahora, en pleno día, esas voces discutían *en el idioma del muchacho de la mochila*" (*CD* 128). Creen presenciar una pelea en que muere uno de los mendigos, quizás el muchacho de la mochila, y Blanca está segura de que están involucrados ellos mismos: "[M]ira cómo estamos vestidos, tú y yo. No podemos decir que no tenemos nada que ver con ese asunto..." (*CD* 129).

El creciente involucramiento de la pareja en el círculo de los mendigos, provocado quizás por un oscuro sentimiento de culpabilidad, se va transformando en una actuación realmente esperpéntica. Servir de espejo para la imagen superficial del otro es insuficiente; buscan una mayor interacción. Se convencen por fin una noche de ir a sumarse a la "conjura" de al lado, incapaces ya de seguir negando su necesidad de entenderlos y de entenderse a sí mismos también:

> –Vamos.
> –¿A esta hora?
> –¿Cuándo vamos a saber, entonces, lo que queremos saber?

> –¿Qué queremos saber?
> –No sé..., cómo hablan..., de qué hablan, en qué están empeñados, y quizás participar en su cólera, que puede ser justificada..., por qué nos odian... (*CD* 137).

Se visten cuidadosamente de mendigos harapientos, pero al mirarse en el espejo notan que "no era necesario agregar artificios para realzar la tragedia de sus rostros" (*CD* 138). Ahora son capaces de reconocer e interpretar en su propia imagen los signos que poco antes no sabían leer en el mendigo.

Empiezan a penetrar más en el orden todavía no totalmente comprendido de los mendigos y el espacio inconcluso. Una noche vuelve el primer andariego, pero todavía se les niega el entendimiento que necesitan al cortarse literalmente toda posibilidad de diálogo con él:

> Gruñó algo..., [...] abrió su boca [...]: un hueco enorme donde no había lengua, apenas un muñón, una llaga aún sangrante. Con sus dedos rabiosos hizo un breve gesto brutal de tijera que corta, ¿por qué?, ¿cuándo?, ¿dónde?, [...] ¿cómo preguntárselo? Pero se quedaron mudos cuando, con su dedo índice, los señaló a ellos, y desapareció (*CD* 141).

Las preguntas proliferan más que nunca en el espacio de su "diálogo", pero se mantiene ausente la respuesta que persiguen. Sin miedo "porque por fin iban a saber la verdad", acuden al edificio ruinoso (*CD* 142). Ocupan teatralmente el centro de un círculo simbólico de mendigos, y los jueces comienzan el enigmático juicio en el lenguaje incomprensible y según leyes desconocidas aunque por lo visto efectivas. Al entrar en el espacio y dejarse juzgar bajo otro sistema de signos y valores que no domina, la pareja se ha sometido enteramente al otro orden.

Cuando se levanta el muchacho de la mochila con un enorme cuchillo en la mano, señalando su muñón de lengua sangrienta, todavía buscan la respuesta de una pregunta:

> de qué los culpaba esta multitud, por Dios. [...] ¿De todas sus enfermedades, de su violencia, sí, sí, sobre todo de su violencia, a ellos que se daban el lujo de no necesitar ser violentos? (*CD* 143)[8]

---

[8] En *La desesperanza* (1986), Donoso vuelve a explorar el tema de la violencia como «la única alternativa» para los que se han quedado sin esperanza (*D* 323).

Cuando el andariego corta por la mitad la bufanda de Blanca, haciendo un par de nudos y metiendo la cabeza de cada uno dentro de su nudo, asumen por fin el código desconocido de la violencia, que es la inversión de la máscara tranquila y estable de su existencia anterior. La brecha entre los dos códigos es tan profunda que no hay mediación posible. Traspasan totalmente sus propios confines para trasladarse al terreno de lo indecible: se ahorcan.

El lector puede preguntarse si la caracterización que se les da a los mendigos y al idioma indescifrable no responde simplemente al innegable sentido de culpabilidad de unos personajes burgueses. La narración, hasta el suicidio, se focaliza exclusivamente desde la visión y el interior de Blanca y Francisco, y en muchos momentos hay una falta de otros personajes —los vecinos del barrio, por ejemplo— que comprueben por su intervención en el texto la existencia del andariego y de su idioma incomprensible. Lo clave, sin embargo, desprende de los momentos en que el texto se refleja auto-conscientemente, al transgredir, por ejemplo, la autoridad creativa de la narración con la yuxtaposición dentro de ella del mundo creado en las fotografías. El andariego traspasa las barreras espacio-temporales de los dos órdenes artísticos: alejándose de ellos por el barrio, es un "peregrino *perdido en una estepa del siglo pasado*" que prosigue "el camino *hasta el borde mismo de la página color sepia*" (*CD* 106, 118; el énfasis es mío). Una vez que los personajes se rigen por el espacio inconcluso, sin origen y sin destino y abierto a tantos otros puntos de vista, ya no dominan en el texto ni los valores binarios, ni un sólo orden artístico, ni el tiempo lineal que determina el origen y la importancia de los eventos.

El texto descarta una lectura basada sólo en lo socio-histórico. Intervienen brevemente en el texto dos otros personajes que no muestran ningún compromiso ideológico con los mendigos y que también confirman la interacción entre ellos y los protagonistas. El que deshace el paquete de ropa harapienta es Andrés, el hijo de la pareja, y es evidente que no comparte ni comprende la necesidad de transgredir ciertas barreras de parte de sus padres: "—Ustedes todo lo arreglan ahora con la policía —le gritó Blanca a su hijo—. [...] Eres incapaz de aceptar que este envoltorio pueda significar algo para alguien, ni comprender que haya códigos distintos a los tuyos..." (*CD* 123). Cuando Andrés se niega a interpretar las señales de la progresiva alienación de sus padres y los acusa de estar volviéndose locos, Francisco le responde: "—¡Tú estás más malo de la cabeza que nosotros, creyendo que tus benditos porcentajes y prórrogas lo van a solucionar todo!" (*CD* 124). La barrera entre padres e hijo no es una barrera de clase social o económica; ya no comparten aquí un terreno común de comprensión basado en el mismo sistema de valores.

La otra figura que comprueba la existencia textual de los mendigos, sin interpretarlos como lo hace la pareja, es un policía al que llaman la noche de la pelea en el edificio inconcluso. La policía encuentra a un vagabundo asesinado a cuchilladas, y el oficial les explica:

> Los vagabundos no eran, por lo general, gente peligrosa, sino personas frágiles, expulsadas de la estructura social por abajo, generalmente debido a problemas de personalidad psicopática, a la temible tara de ser incapaces de incorporarse a una sociedad ordenada. Era inútil tratar de rescatarlos o hacer algo por ellos [...] Existían aun en las sociedades más adelantadas (*CD* 129).

No hay posibilidad de que el discurso oficial le conceda importancia alguna al fenómeno: la estructura del poder los ha expulsado; no son nada más que seres defectuosos, incompletos e incapaces de asimilar los valores evidentemente superiores de la autoridad dominante. El desacuerdo se convierte en una enfermedad o un defecto desde la perspectiva "adelantada" oficial que no reconoce otro tipo de orden.

Blanca y Francisco luchan por encontrar una terminología adecuada para expresar la totalidad del fenómeno, usando para sí mismos las palabras *clochard* u *hobo*; "hablando con las autoridades ambos usaron las palabras 'mendigos' y 'vagabundos'" porque reconocen el rechazo de cualquier otro código dentro del discurso oficial (*CD* 130). Las diferencias se polarizan: la pareja termina callándose con respecto al idioma distinto pero organizado de los mendigos "con el cual expresaban los conflictos de su especie perdida en todos los caminos de la tierra, un instrumento de palabras perfectas para expresar la violencia y el dolor de estos seres fugitivos" (*CD* 130). Según el "representante de la autoridad", en cambio,

> la sociedad no podía reconocerlos como sus víctimas: se trataba de gente díscola que rehusaba integrarse pese a las facilidades que con frecuencia se les ofrecían, nihilistas negativos, individualistas enfermos, caóticos, ácratas incapaces de reconocer orden alguno, seres anárquicos, desesperados... (*CD* 130).

La proliferación de términos aquí muestra el abismo existente entre el código que empiezan a compartir Blanca y Francisco (y del que ellos están conscientes), y el discurso oficial. El silencio y la incapacidad de ellos de hacerse entender dentro del discurso de la autoridad ya apunta hacia el desenlace y la ruptura total con el mundo que los ha contenido hasta ahora. Por otra parte, el derroche lingüístico aquí está en yuxtaposición con los intentos anteriores de la pareja de buscar (inútilmente) algún término que les diera acceso al fenómeno de los mendigos. Se destaca aquí el esfuerzo oficial por encubrir y negar las verdaderas dimensiones de los mendigos, acumulando adjetivos de una connotación negativa. A pesar de eso, el término "mendigo" se ha abierto un papel subversivo en el texto, ya que el discurso oficial trata de "mendigos" a los que cuestionan o se niegan a vivir bajo su autoridad, una "comunidad sin nombre para la cual ninguno de los signos sacralizados tenía vigencia" (*CD* 140). Nos hemos alejado de una "burguesía invadida", de los supuestos temores de una clase social y económica en decaimiento, para enfrentarnos con la deshumanización de una sociedad entera que condena al auto-exilio o al suicidio (metafórico y literal) a los que no comparten su jerarquía y sus convenciones.

El verdadero significado ideológico de los "mendigos" se deja filtrar también a través de la "guerra" y el período de re-estabilización con que termina el texto. La narración sigue ahora muchos años después desde la perspectiva de Andrés, quien obviamente comparte y domina el código oficial y alaba la desaparición de la recesión mundial gracias a la guerra:

> signo evidente de este adelanto era que había desaparecido la marea de vagabundos o mendigos que justo antes de la guerra invadió, como una enfermedad horrible, como sarna o llagas, las calles de las ciudades y de los caminos aledaños, apoderándose de ellas (*CD* 145).

Está ausente del discurso oficial y "adelantado" toda explicación por la guerra. Demasiado enraizado en una época más o menos contemporánea, el texto no se presta para una lectura futurista o de ciencia-ficción —justo al contrario. Precisamente porque *no* se dice que las autoridades mismas destruyeron a los "mendigos" que invadían *justo antes de la guerra* y "se apoderaban" de la capital desde todos los pueblos y ciudades, puede entenderlo así el lector. Ya ha visto que el discurso monolítico oficial trata a los que buscan subvertirlo y cuestionar su autoridad como gente horriblemente defectuosa o enferma (repetido aquí). Además, Andrés ha comprado el arruinado edificio inconcluso y está empeñado en reconstruirlo ahora exactamente como iba a ser antes. El barrio, mientras tanto, ha regresado al estado de una selva de jardines salvajes poblados sólo por los descendientes salvajes de la perra. Más compleja que una visión apocalíptica, la implicación verdaderamente trágica del texto es que a lo largo del tiempo y el espacio, desde una cueva de aborígenes, a una estepa siberiana, a un "horizonte ciudadano de un cielo rojo como una hoguera química" (*CD* 103), la historia humana es una de alienación y opresión, de una especie perdida en todos los caminos de la tierra. "[L]os gritos y la furia concentrada dentro de esa obra gruesa sellada inútilmente por la autoridad" eran más que las riñas de unos mendigos:

> más que odio. Otra cosa: como si empeñados en esa secreta agresividad que los comprometía fueran a encontrar un nivel superior de vida, una intensificación del conocimiento, algo que estaba más allá del peligro y el rencor, pero que tenía que pasar por ellos y contenerlos (*CD* 136).

La visión con que nos dejan Blanca y Francisco desde el techo del edificio inconcluso antes de ahorcarse, adopta una perspectiva arriba y afuera del mundo recreado en el texto y es de una inmensa amargura: "miraron la hoguera química del cielo colorado, la fugaz potencia de otros planetas que también ardían. La ciudad estaba tan condenada como ellos..." (*CD* 144). Los verdaderos "habitantes de una ruina inconclusa" no son unos cuantos mendigos, sino toda una sociedad —quizás todo un universo— deshumanizada por la represión con que un sistema ordenado y excluyente concibe y ejerce el poder.

En todos estos textos, el espacio no funciona sólo como un emblema mimético de cierta clase social. De hecho, la narración insiste en "irrealizar" cada espacio "definitivo", vedándoles a los personajes el retorno a un centro edénico fuera del espacio y el tiempo, para exiliarlos a una búsqueda trashumante. Imposibilitados de controlar el orden de los rituales, se abren a otro orden, "sin origen y sin destino", persiguiendo en sí mismos los sutiles elementos de ruptura y de disonancia ya vigentes en su ser. El espacio actúa como un escenario teatral, donde se resuenan valores muy diversos. Es la necesidad de recobrar la vista y el afuera, de reincorporar otras experiencias discursivas que posibilitarán su existencia, lo que motiva las fantasías verbales de estos personajes que escuchan distintas voces. Funcionan en los textos como un eje central desde el cual emergerá el mundo de los "otros" revertidos en su "yo" (Luengo 1991: 32). La tensión dinámica de su terror y su necesidad surge de la falta de "lenguaje" alguno que funcione como un terreno común y compartido de comprensión. Son sólo las insuficiencias de su concepción binaria (en que tienen que elegir el adentro *o* el afuera, el orden *o* la autonomía, el estatismo definitivo *o* el cambio) lo que permite asignarles a esas categorías unos valores también polarizados y auto-excluyentes, siempre desvalorizando el término desconocido o ausente en el orden ritual suyo. La seguridad existe en pugna con el peligro, la autoridad en pugna con el caos, el dogma con la duda, y todo lo que es "pura respuesta" con lo que es "pura pregunta". Tanto el temor como la atracción asociados con los seres marginales, los "mendigos", los "locos" o "criminales", los "tarados" o "defectuosos", y los "antropófagos", surgen porque todos éstos literalmente hablan otra lengua o se comunican por otro sistema de signos desconocidos pero deseados. Son las limitaciones del código binario y polarizado que obligan a concebir a los "otros" bajo esos términos. El significado de la belleza, de la verdad, del amor y de la razón depende de quien establece y controla el contexto. La tarea subversiva de la novelística donosiana es *des*cubrir *otro* orden, "otra belleza" en un diseño fluctuante liberado de los límites impuestos en la perspectiva por un espacio y un tiempo lineales. La inaccesibilidad de un contexto fijo o de una definición estática crea unas aperturas hacia una pluridimensionalidad de significados, cuestionando también los valores asignados a cada oposición falsamente binaria. Así el desobedecer, el minar la paz y el orden mediante la crítica y la duda, se transforma desde otro código en un signo tal vez tan productivo como destructivo. Los conflictos dramáticos puestos en ejecución aquí son de un alcance universal, y muchas veces se niegan a resolverse de un modo definitivo, prefiriendo una última ambigüedad más inquietante. El mundo narrativo de Donoso persigue la ruptura con el discurso monolítico y falsamente "realista" que pretende explicarlo todo, para indagar en las posibilidades más auténticas del lenguaje y la manera en que refleja la esencia siempre cambiante de lo humano.

# V. El Mudito y el orden alucinante

En algunos textos de José Donoso, la voz narrativa busca verse en la interacción dialógica con un interlocutor cuya voz se nos presenta como incomprensible o ininteligible, o como presente en el texto sólo por su notable silencio. El narrador niño/adulto de "Paseo", por ejemplo, se coloca en yuxtaposición con unos tíos hermanos que se niegan a explicarse encerrándose detrás de una maciza puerta, y con una tía que abandona el recinto seguro de la casa para seguir la llamada misteriosa del mundo incierto afuera. Por eso el verdadero diálogo repercute entre el narrador adulto y su recreación de sí mismo de niño, entre la imposibilidad de entender entonces y el deseo de seguir sin saber ahora: las respuestas —y las preguntas— que se niega a sí mismo revelan su profunda alienación. Al mismo tiempo que quisiera olvidar y borrarlo todo, es incapaz de encubrir los hechos con una sola verdad monológica; al contrario, siguen perturbándolo e informando su auto-conciencia. De un modo parecido el auto-exilio y el auto-aniquilamiento de Blanca y Francisco en *Los habitantes de una ruina inconclusa* son el último grado de su sentimiento de total desacuerdo con la sociedad monolítica que los ha cooptado. Aunque verbalmente incomprensibles en el texto, los signos de la ira y la violencia que descubren en los mendigos desencadenan en ellos mismos un proceso de reconocimiento y expresión de su propio miedo y necesidad.

En otros textos de Donoso, la voz narrativa se fragmenta y se reparte en un constante proceso de interacción, a menudo provocada por una crisis de identidad. En *El obsceno pájaro de la noche*, tal vez la obra de Donoso más comentada por la crítica, nos enfrentamos con todo un texto que es "un diálogo que man[tiene El Mudito] con las gárgolas del sitial, las encarnaciones del miedo, sordas, mudas, quizás ciegas, agentes del vacío, el pánico que prefiere retorcerse y transformarse en monstruo antes de no ser nada".[1] El vértigo textual que caracteriza esta novela es el producto de una serie de laberintos verbales, cada uno con su monstruo en el centro, pero subvertido y eventualmente consumido cada uno también por la incertidumbre y la teatralidad dramatizada de la narración. La voz que narra persigue la incertidumbre narrativa al escindir continuamente el relato, y los personajes sufren encarnación tras encarnación.

En su deseo de "ser alguien", la voz que narra *El obsceno pájaro de la noche* se focaliza a través de una serie de otras voces, otras máscaras y otros ojos: una cabeza gigantesca de cartonpiedra, el escritorzuelo Humberto Peñaloza, don Jerónimo de Azcoitía, su heredero monstruoso Boy, el niño de la Iris, la séptima vieja de la Casa, un "imbunche"... El Mudito es niño y vieja, santo y perverso, desposeído y poderoso, sordo, mudo y quizás ciego (en su disfraz de imbunche) y narrador.[2] Aunque no habría lógicamente "diálogo" alguno posible entre un ser sordo y mudo y "las gárgolas del sitial", Enrique Luengo hace hincapié en que "[e]l mundo de estos fragmentos aparece como El Mudito lo "imagina"; es el lenguaje de la imaginación, son las voces incorporadas a su cuerpo, es finalmente, la fantasía verbal que abre el universo del personaje poblado de distintas voces en una pluri-dimensionalidad vocal."[3] La carencia de rostro y de voz, y el *horror vacui*, el horror al silencio y a la nada, in-

---

[1] José Donoso, *El obsceno pájaro de la noche.* Barcelona: Seix Barral, 1970 y 1985; 398. En adelante se usarán las siglas *OPN* para citar de esta edición.

[2] Como ha visto Enrique Luengo en su análisis, «La enunciación y focalización en *El obsceno pájaro de la noche* de José Donoso» [*Chasqui* 20.1 (1991): 23-33],

> el texto está integrado por múltiples voces, pero no necesariamente las voces se constituyen en 'puntos de vista' desde los cuales se define la textura orgánica de la diégesis [es decir, «el universo espacio-temporal en el que se sitúa la historia»]. En esta novela los cambios de voces no implican cambios de focalización. El Mudito es el prisma, centro y eje único desde el cual emerge el mundo de los 'otros' revertidos en su 'yo'.
>
> Su experiencia vital es todas las experiencias discursivas que posibilitan su existencia. Es un individuo hecho de palabras virtualmente ciertas o potencialmente truncadas; [...] el foco de su existencia se mueve, se define alrededor de estos fantasmas verbales entre los cuales se desplaza constantemente y con los cuales se identifica (32).

[3] Luengo, «La enunciación y focalización narrativa en *El obsceno pájaro de la noche* de José Donoso,» *Chasqui* 20.1 (1991): 29.

dican que la ausencia es el centro de la "realidad" en esta novela. Las voces fragmentadas son unas cuantas máscaras, la utilería indispensable que acompaña al escenario teatral de la ficción: "Si se retiran de alrededor del personaje central que nació sobre el escenario [...] bueno, caerá en un abismo" (*OPN* 491).

Consciente de que "hay otra dimensión, otros cánones, otros modos de apreciar el bien y el mal, el placer y el dolor, lo feo y lo bello", El Mudito se embarca en un viaje laberíntico por "un mundo sellado, ahogante, como vivir adentro de un saco", en búsqueda de una luz que le permita ver y una voz que le permita salir de las sombras sin nombre para nacer (*OPN* 162, 245). Sin una proyección autoritaria exterior a su auto-conciencia, experimenta una vuelta constante a su interioridad; las máscaras que asume y que otros le imponen no sirven para llenar esa ausencia en el centro de su ser. Sus únicos recursos son la mirada y la palabra —aunque "mudo", es narrador— para buscar un contacto con el mundo afuera de sí mismo y así confirmar su existencia y su identidad.

Por una parte la mirada es un arma potentísima en esta novela: "ser testigo" es saber cosas, envidiar, admirar, odiar. Por otra parte la mirada muda es sirviente del objeto de su deseo: sirve para autorizar al otro más que a uno mismo, puesto que la imagen parcial reflejada en la mirada pertenece a una región bidimensional que existe como "el reverso del poder". El disfraz de la cabeza gigantesca de cartonpiedra, por ejemplo, es una máscara últimamente ineficaz, ya que a pesar de su altura heroica no ofrece nada que reflejar en los ojos de los demás: "nadie podrá descubrirme bajo este disfraz", reconoce El Mudito (*OPN* 90). Más allá de *ver*, es necesario *verse*, y para lograrlo es necesario el acceso a la palabra y el diálogo.

Humberto Peñaloza cree haber afirmado su existencia porque su nombre está "repetido nueve mil trescientas veces en la biblioteca de don Jerónimo de Azcoitía", pero existe sólo como un objeto poseído por Jerónimo (*OPN* 151). Quiere volver a tomar posesión de su propio nombre robándose un ejemplar de su propio libro, pero al no provocar ninguna interacción con Jerónimo, el intento fracasa. Por otra parte, Humberto reconoce que el lenguaje que ha imitado para escribir su librito es un código vacío para él, en el que no se reconoce: "un mundo perdido más atrás de otros mundos perdidos más atrás de otros mundos perdidos, excelencia sustituyendo excelencia caducada, cabezota de cartonpiedra dentro de cabezota de cartonpiedra" (*OPN* 151).[4]

El poder de la fábula, la autoridad e identidad de alguna voz —aunque sea la autoridad anónima y colectiva del "dicen"— es la única defensa contra el dolor y el terror del agarrotamiento eterno, de nunca "ser alguien". Al mismo tiempo, el lenguaje de la novela trabaja constantemente por deshacer el poder de la palabra de conjurar verdad alguna: "se decía, se decía que decían o que alguien había oído decir quién sabe dónde", abriendo agujeros en la corteza textual para eludir el encerramiento definitivo (*OPN* 36).

Quizás la "trama" de *El obsceno pájaro* ha desesperado a tantos lectores porque, cada vez que el narrador intercala una historia, la pone en duda auto-concientemente más adelante en el texto. La poca probabilidad de la beatificación de Inés de Azcoitía, por ejemplo, puede leerse como un comentario metatextual e irónico sobre la novela: "Todas las pruebas son tan inciertas, siempre el dicen es lo que impera, se sabe sólo el nombre de la persona que oyó el dicen, no el nombre de la persona que dijo el dicen... cuestión de alguien que le contó algo a alguien" (*OPN* 351). Paralelamente, la historia intercalada de la niña-bruja también queda deshecha porque "hay que reconocer que, incluso desde el punto de vista literario, [...] es curiosamente insatisfactoria": el gesto de abrir el amplio poncho paternal para ocultar lo que sucedía "torció el rumbo del relato y lo escindió en dos" (*OPN* 356).[5] Como en la conseja

---

[4] El discurso literario que Humberto ha intentado imitar y que ahora rechaza es marcadamente preciosista, entre romántico y modernista, y totalmente alejado de su experiencia vital:

> algún retrato de mujer de los que escribía entonces porque no conocía ninguna, sólo me las imaginaba enfundadas en una ola de aromas orientales porque entonces los aromas eran siempre orientales, y las túnicas siempre recamadas, y las poses exangües y la coquetería cruel pero risueña destrozaba corazones, y el plenilunio era ubicuo (*OPN* 151).

Se destaca el carácter restringido e inflexible («siempre») de las descripciones, el rango limitado de temas y la superficialidad de la caracterización, más bien una caricatura. En cambio, la narración deformante de *El obsceno pájaro* en sí refleja una obsesión por «retorcer lo normal, una especie de compulsión por vengarse y destruir» (*OPN* 488).

[5] Al presentar la historia inicialmente, dice que las viejas «estaban contando *más o menos* esta conseja, porque la he oído tantas veces y en versiones tan contradictorias, que todas se confunden» (*OPN* 43).

de la niña-bruja, en la novela en sí la línea del relato, al comienzo, nos hace fijar los ojos en una figura protagónica (¿Jerónimo?) para después sustituirla por otra, como El Mudito, "cuya identidad no interesa a nadie" (*OPN* 356). El rumbo del relato se tuerce y se escinde en múltiples direcciones.

Uno de los relatos incluídos en *El obsceno pájaro* es la biografía de Jerónimo compuesta por Humberto/El Mudito. Es concebida como una serie de medallones que encapsulan unos momentos claves y perfectos en una vida ejemplar. El "medallón estático de la dicha conyugal perfecta" (*OPN* 228) es contradicho por la imposibilidad de Jerónimo de impregnar a Inés sin la ayuda del miembro/la mirada de Humberto. Cuando Jerónimo e Inés deben "tomar las actitudes prescritas en el siguiente medallón, en que figurarán como padres", Humberto mete "la confusión, el desorden" en el medallón estático al revelar el repugnante cuerpo de Boy (*OPN* 228-229). Cada vez que obliga a Jerónimo a contemplar a su vástago tan esperado sólo para encontrarlo repugnante,[6] Humberto/El Mudito también contempla sus propias invenciones, hasta que por fin se desmorona sobre su máquina de escribir, "hecho un montón de escombros en el suelo" (*OPN* 269).

La crisis por la que pasa Humberto/El Mudito ocasiona una escena en que el doctor Azula y los monstruos de la Rinconada le roban la sangre –negra, como la tinta– en una metáfora de su destrucción como escritor. Humberto/El Mudito se ha quejado de que ellos (los monstruos) dependían de él:

> No él de ellos. El era el carcelero. No ellos, acechantes y susurrantes. El los había inventado a ellos, no ellos a él. La Rinconada, los patios de Boy, la organización [...] la estructura de la casa, [...] todo, todo, había sido idea suya. Ellos mismos [...] eran invento suyo. Que no se rebelaran (*OPN* 255-56).

Ahora, sus propios inventos ofrecen otra crítica irónica de su obra (y de esta obra): "Bueno, entonces, que escriba, pero no escribe nada, se lo lleva hablando de lo que va a escribir, [...] cambia todos los días o

---

[6] Humberto/El Mudito retoma ese fragmento de la biografía de Jerónimo varias veces en la narración y la sigue elaborando (véanse, por ejemplo, las páginas 161, 228-229 y 259). Así la novela vuelve repetidamente a ciertos puntos de partida para recomenzar o para llevar la trama por otra senda.

siempre es lo mismo bajo formas distintas" (*OPN* 280). Poco después de que Humberto/El Mudito recuenta por última vez la muerte definitiva de Jerónimo (que se suicida en un estanque al contemplar en su propia perfección una naturaleza monstruosa), la novela se acerca al fin.

El final mismo de la novela ha sido prefigurado por una escena anterior. Para "partir sin dejar rastro", El Mudito aniquila toda traza de sus propias palabras en una hoguera a la que acuden bultos haraposos salidos de las tinieblas a quemar sus propios trapos y a calentarse en el fuego. Gente sin nombre ni rostro, subsiste en las márgenes de la sociedad, "recogiendo en las calles los despojos de los demás para confeccionar un disfraz un día, otro disfraz otro, [...] somos tantos los que nos quedamos recogiendo de aquí y de allá [...] para tener la sensación de que somos alguien, [...] uno es lo que es mientras dura el disfraz" (*OPN* 156). La imposibilidad de que entren de lleno en una identidad es tanto social como existencial: son productos de "un Dios mezquino, que fabricó tan pocas máscaras", como un Supremo Autor que no encuentra un sistema de signos adecuado a sus deseos (*OPN* 155).[7]

El Mudito adolorido que se ha refugiado en la laberíntica Casa de la Encarnación de la Chimba logra vencer el "terror del agarrotamiento eterno" hilvanando una fábula tras otra para postergar la llegada del dolor o de la muerte: "en la noche silenciosa y resguardada del sótano yo hilvano la fábula en tu oído para salvarme" (*OPN* 342, 343). Cuando ya no puede más y sólo quiere que lo dejen tranquilo, su deseo se convierte en la necesidad de ser "imbunche" para quedar despojado "de desear y de oír y de leer y de escribir" (*OPN* 433). Cuando ya no se atreve a "ser alguien", se convierte en una "sombra carente de nombre [que] quiere fundirse con las otras sombras de la habitación, reducirse a la dimensión de un papel" (*OPN* 447). Antes de abandonar el escenario, pone en boca de uno de los monstruos que es "buena crítica literaria" un juicio amargo de sus propios defectos literarios:

> Sentía necesidad de retorcer lo normal, una especie de compulsión por vengarse y destruir y fue tanto lo que complicó y deformó su proyecto inicial que es como si él mismo se hubiera perdido para siempre

[7] Para Scott Pollard, El Mudito «adopts this powerfully decrepit selflessness to create a decentering, multivoiced narrative technique that will shatter the patriarchal 'I'» (Pollard 1995: 20).

> en el laberinto que iba inventando lleno de oscuridad y terrores con más consistencia que él mismo y que sus demás personajes, [...] siempre disfraces, actores, maquillajes que se disolvían (*OPN* 488).

Es un artesano monstruoso que ha podido construirse una morada que se ajusta a su propia psique. Es al hilar su relato laberíntico mientras atraviesa el espacio laberíntico de la Casa que su narración lo consume, exponiendo la naturaleza monstruosa y atrapante de la vida artística.

La proliferación de espacios esencialmente vacíos y de personajes que los invaden —fabricados tanto los unos como los otros por la angustia y la alienación del narrador— responde a la lucha heroica y desesperada por *ser*:

> Dicen que hay pasadizos efímeros, patios inútiles, pasillos de largas perspectivas simuladas, [...] habitaciones repletas de ese silencio que jamás nadie ha interrumpido porque jamás ha habido nadie aunque dicen que hubo y que puede haber todavía pero no creo, alguien que se agita en un rincón afuera, hay alguien, hay afuera, [...] una estructura de sombras que necesito ver, necesito, necesito y con la necesidad se instaura el terror, la necesidad de ver el rostro de esa sombra [...], recobrar la vista y el afuera, [...] hay alguien afuera esperándome para decirme mi nombre y quiero oírlo [...] para nacer o morir (*OPN* 538-539).

Las otras perspectivas hechas concretas en todos estos pasadizos, patios y pasillos desconocidos e inexplorados por la voz narrativa le proveen al universo espacio-temporal del sujeto de una integridad con lo ajeno que está afuera y al lado de su visión. El rostro que busca entre las sombras y el nombre que desea oír allí son su propio rostro y nombre. Necesita que le sean devueltos en una interacción dialógica que los infunda de una valorización y una nueva integridad.

Al reunir los despojos de lo poderoso y lo desposeído, lo santo y lo perverso, lo nuevo y lo viejo para confeccionarse, El Mudito y los seres marginales de *El obsceno pájaro* revelan la última ineficacia de los cánones que separan "el bien y el mal, el placer y el dolor, lo feo y lo bello": la armonía y la belleza pueden contener la semilla de lo monstruoso y lo prohibido. Como los personajes, la voz narrativa y en última instancia la novela misma son un engendro, el producto de tantos despojos reunidos en una dependencia mutua. El poder de la fábula logra desarticular todas las disyunciones en una exploración del "enverso de la medalla", un mundillo paralelo tan perverso como la realidad. Las voces rescatadas son la única defensa de "los desposeídos y los miserables y los viejos y los olvidados" contra el dolor, la crueldad y el terror (*OPN* 295-96). Al mismo tiempo, la transformación en "imbunche" —el acto final de disolverse en una interioridad central cada vez más desplazada y vacía— permite que triunfe el miedo y que la necesidad no alcance consumarse. La narración nos abandona donde indicaba el epígrafe, entre "the profoundest tragic depths of the essential *dearth* in which its subject's roots are plunged" (*OPN* 10; énfasis añadido).[8]

[8] Pollard también ve en esta novela la habilidad de Donoso de imaginar el final apocalíptico de un orden social e incluso de la civilización misma, reconociendo que Donoso no intenta construir «another historical master-narrative» (Pollard 1995: 41).

# VI. El laberinto donosiano: espejo de la creación verbal

El lector de José Donoso reconocerá el frecuente carácter laberíntico de los espacios escénicos en su obra. Los laberintos proliferan en sus obras por ser paisajes altamente simbólicos dentro de la ficción: como las máscaras, pueden simultáneamente proteger y encarcelar a los personajes. El espacio escénico refleja el retrazar angustiado del pasado hecho por los personajes en un esfuerzo por comprender su estado actual. No tan obvio a primera vista es el hecho de que en la narrativa de Donoso el diseño laberíntico también se extiende al nivel metaficcional. Desde esta perspectiva el laberinto donosiano es el lugar de una iniciación en la creación artística y en la lucha por adquirir y dar significado y validez a la palabra. La narración de Donoso refleja el viaje de una voz en busca de sí misma por el campo de lo otro: el medio social e ideológico resuena con otras prácticas discursivas que el yo tiene que explorar y llegar a conocer, incorporándolas en sí mismo, para atravesar sus propios límites. La adquisición problemática de un lenguaje narrativo tiene lugar entonces en ese campo del proceso de aprender a descifrar las trazas del significado. En el proceso de una narración–como–búsqueda, la voz narrativa de Donoso habla (o escribe) para *verse*, para entender el por qué de sus exploraciones, y con sus estrategias interpretativas el lector sigue el hilo de la narración para comprobar su propio recorrido competente del espacio que se le presenta.

Ofrezco aquí una lectura bakhtiniana de Donoso con el deseo de reconciliar ciertas oposiciones binarias muy queridas por la crítica. Es frecuente que apelen a Donoso a elegir entre el representar la sujetividad individual del intelectual literario o el representar al sujeto colectivo reprimido por la dictadura, poniendo en tela de juicio una supuesta crisis artística que tiene implicaciones éticas y políticas (Gutiérrez Mouat 1991: 60). Ven un obstáculo invencible en los deseos conflictivos articulados por el artista como figura pública sustentada por la disidencia política y el éxtasis ideológico, y como individuo deseoso de alejarse de la "manía esclavizadora" de la intriga histórica y el dogma (Saalmann 1993: 428). Lejos de ver "the artistic mindset as an irredeemable contradiction, torn [...] between the need for society and the concurrent desire for solitude" (Saalmann 1993: 426), siguiendo a Mikhail Bakhtín prefiero sugerir que incorporar más del medio social e ideológico no implica tener menos como individuo, sino más: el yo es una función de lo social y sólo puede realizarse verbalmente sobre la base del "nosotros". Para Bakhtín, la palabra ha pertenecido siempre y de antemano a *otros,* y la conciencia individual nunca puede imponer su intención sin obstáculos: siempre tiene que mediar esa intención a través de la alteridad del lenguaje mismo en que habla. La conciencia personal está en constante diálogo con el medio social e ideológico, destacando por una parte la multiplicidad necesaria en la percepción humana (Holquist, *Dialogism* 22), y por otra, la naturaleza convencional tanto del arte como de la "realidad." Por eso, a mi modo de ver, la referencialidad socio-histórica "real" de los espacios escénicos en la narrativa de Donoso retrocede en importancia ante la arquitectura auto-consciente de esta esfera del arte mismo. El espacio recreado en el texto y mediado por el orden artístico representa menos "la vida real" extratextual y más "the house of fiction" del autor/creador. El paisaje verbal se correlaciona con las fronteras exteriores e interiores de la conciencia estética, impulsada a construir algo afuera de sí misma, pero que la contenga, para verse.

En el estudio crítico *Labyrinths of Language,*[1] Wendy B. Faris sitúa el espacio visual del laberinto con respecto a dos espacios primarios: *la casa* es el domicilio, el centro, el lugar de descanso; *el bosque* (transformado modernamente en la ciudad y las calles urbanas) es la periferia, la senda, el lugar de aventuras o movimiento. El laberinto engloba los dos espacios elementales, reuniendo las características de protección y encarcelamiento, e identificándose con el concepto de "viaje". Las catego-

[1] Faris se concentra en unas obras de James Joyce, Michel Butor, Alain Robbe-Grillet, Jorge Luis Borges y varios otros autores. De Donoso sólo comenta *El obsceno pájaro de la noche.* No obstante, reconozco el valor de su estudio para el presente análisis.

rías espaciales se funden: la senda deviene el medio *y* el término, el viaje *y* el destino (Faris 7-8).

Añadiremos que en gran parte esta dualidad es posible porque el laberinto también expresa "la inseparabilidad del tiempo y el espacio", una característica que destaca Bakhtín en su concepto del *chronotope*: literalmente un "tiempo-espacio", el término indica la fusión intrínseca entre las relaciones temporales y espaciales que se expresan artísticamente en la literatura. El tiempo se encarna en un espacio que es también sensible a los movimientos del tiempo, de la trama y de la historia (*Dialogic Imagination* 84). El *chronotope* es el mediador entre dos órdenes discursivos y experienciales —el histórico y el artístico— ya que en el ambiente de la ficción las constelaciones históricamente específicas del poder se hacen visibles. Estas estructuras concretas espacio-temporales se correlacionan con —pero nunca *son*— el mundo real histórico, ya que siempre están mediadas por el arte (Stam, *Subversive Pleasures* 11). El laberinto, por ejemplo, se identificaría en muchos aspectos con "el camino" (un *chronotope* señalado por Bakhtín): desarrollado en la novela, puede reunir las características de la aventura, con sus oportunidades para la metamorfosis y la revelación de la identidad; de paso explora la heterogeneidad socio-histórica de la gente encontrada por el camino; los encuentros, partidas y desenlaces proveen la narración de unos puntos decisivos para doblar la esquina y seguir otra senda o desdoblarse y volver a pasar por un terreno conocido. Al mismo tiempo es un "camino" múltiple y bifurcado, todo un mapa sin centro y sin fin. El *chronotope* —en nuestro caso, el laberinto— es significativo porque organiza los eventos narrativos fundamentales de la novela (*Dialogic Imagination* 250).

Es precisamente por su naturaleza estructuradora determinante que, más allá del espacio visual del laberinto que organiza el viaje de los personajes en el texto, existe el laberinto metatextual que organiza la narrativa misma y nuestra lectura de ella. En términos de Bakhtín, el *chronotope* es el sitio donde los nudos de la narrativa se atan y se desatan (*Dialogic Imagination* 250). Paralelamente, Faris identifica la "metamorfosis moderna y posmoderna del diseño del laberinto en la estructura narrativa, en el proceso y el producto de la escritura misma" (10; trad. mía). La estructura laberíntica de la narración (con el frecuente desdoblamiento del narrador y del tiempo y el espacio en el texto) se convierte en un espejo de "los complejos procesos de vivir, escribir y leer en el moderno mundo urbano" (Faris 2). El laberinto es una estructura de iniciación: atravesarlo se convierte en un rito de iniciación hacia una nueva condición y hacia la adquisición de un nuevo conocimiento.

Ciertas novelas claves en la producción de Donoso, como *El jardín de al lado*, *El obsceno pájaro de la noche* y *Casa de campo*, postulan el enigma de distintas narraciones o desenlaces simultáneos y exploran la problemática tarea de representarlos en una narración de tiempo lineal. En particular en el caso de un desdoblamiento del "yo" de un narrador/"autor", el texto sólo se resuelve ambiguamente: nos podemos preguntar cuándo está escribiendo el narrador, cuándo está imaginando, y quién está detrás de él; ¿cuál es el texto que estamos leyendo? Si se propone una tenue identificación entre el autor y el narrador, se revisa inmediatamente. La narración alterna entre una alegoría de la creación literaria, y la escritura que está haciéndose.[2]

En cierto sentido, la arquitectura del laberinto, en su función de la morada de lo monstruoso, se ajusta a la propia conciencia que lo diseña. El laberinto mitológico del que se escapa Teseo (guiado por el hilo que le proporciona Ariadne) se compone de pasajes y vueltas sin número, pareciendo no tener ni comienzo ni fin, y refleja el ingenio de Dédalo, su creador. En el personaje del diseñador asesino, protagonista de "Abenjacán el Bojarí, muerto en su laberinto", Jorge Luis Borges retrata al creador monstruoso que ha construido una morada que refleja los diseños destructivos de su propia psique. En parte lo que retrata también es la naturaleza monstruosa y atrapante de *la existencia* artística, de ser el productor de tales diseños. Tal concepción del mundo deja a su productor atrapado y transformado en monstruo en medio de su producción (podemos pensar también en El Mudito de *El obsceno pájaro de la noche*). La única esperanza es que otro, desde afuera y al lado, pueda comprender y descifrar el diseño indiscernible del universo sin la necesidad de atraparse en el artificio convencional, indagando en el enigma que ahora es legible *como* convención.

Estas observaciones pueden servir como punto de partida, entonces, para otra mirada a *Casa de campo*. Comprobamos que el espacio vi-

[2]Véase el análisis de Lucien Dällenbach de un texto de Alain Robbe-Grillet (Faris 69). Faris señala la posibilidad de deconstruir la voz narrativa al aceptar la noción de un texto que se autogenera y cuyos narradores se desplazan cada uno a los otros (69).

sual de la casa es laberíntico para los niños, tanto en los pasajes subterráneos como en la parte principal. De hecho, en la visión de los niños abandonados, la casa encarna no sólo el diseño del laberinto sino también las características de la bestia que lo habitaría:

> la casa, hoy tan despoblada, era colosal, autónoma, semejante a un dragón de entrañas constituidas por pasadizos y salones dorados y alfombrados capaces de digerir a cualquiera, de tentáculos que eran los torreones que intentaban atrapar las nubes siempre en fuga (*CC* 94).

La monstruificación del espacio mismo nos lleva un paso más allá del arquetipo clásico del laberinto (con el minotauro en el centro, por ejemplo) para convertir la casa en un escenario altamente simbólico: simplemente estar en la casa/laberinto es encontrarse ya rodeado por y enfrentado con lo monstruoso, en coexistencia con lo otro y sin posibilidad de fuga.

Otro aspecto del laberinto hecho literal en *Casa de campo* es su poder para anular el progreso lineal del tiempo. A través de "paralelismos, inversiones, [y] repeticiones", cualquier segmento de la narración se revela como el punto de partida y de convergencia de varias secuencias narrativas, y su importancia se aumenta o se disminuye con respecto a lo que lo rodea: "La narración ya no es una línea, sino una superficie en que aislamos cierto número de líneas, puntos o agrupaciones notables" (Butor, *Essais* 115-116). El narrador insiste en el paseo de los mayores como "eje de la novela", y la partida y el regreso dominan la primera y la segunda parte de la novela respectivamente. Al mismo tiempo, del eje de la excursión radican (entre otros episodios) la destrucción de la reja de lanzas, la liberación de Adriano Gomara, el abandono de Wenceslao de su disfraz de muñeca, y el robo del oro de los grandes. Cada uno de estos segmentos provoca en su momento la narración de varios otros episodios tanto del pasado como del "presente" de la historia de los Ventura, llevando al lector a desdoblarse y desviarse por la senda narrativa.

De una índole más problemática (dentro del mundo narrado) es la deliberada ambigüedad con respecto a la duración del paseo —un día o un año. Este desacuerdo es fundamental para los personajes, ya que indica la manipulación de la "versión oficial" y la imposibilidad de controlar la "verdad". En el nivel metatextual, sin embargo, el desajuste simplemente exhibe en primer plano la naturaleza artística del diseño narrativo, ya que "la función de todo laberinto es abolir el tiempo en un espacio mágico donde la duración se funde con un paisaje y los pasos que lo cruzan. Siendo así, es ya la imagen de la obra de arte" (Vidal, *Dans le labyrinthe* 23, citado en Faris). Desde el punto de vista artístico, la duración del paseo es subordinada al diseño del viaje o de la estructura narrativa. El tiempo no es "real" o histórico, sino mediado por el orden artístico.

El narrador/"autor" de *Casa de campo* se interrumpe constantemente para recordarles a sus lectores que él, tanto un "propietario de la fábula" como lo son los niños que inventan "La Marquesa Salió A Las Cinco" o los grandes que inventan la amenaza de los antropófagos, está creando una obra estética, de ficción —que los lectores no debieran confundir con "la realidad". Se ocupa exponiendo todas las "leyes acatadas [por sus personajes los Ventura] sin enunciarlas", ya que esas leyes los ayudan a construir su propio mundo frágil y ficcional (dentro de la obra). El narrador, como personaje dentro de su propia narración, también rehúsa

> la hipócrita no-ficción de las ficciones en que el autor pretende eliminarse siguiendo reglas preestablecidas por otras novelas, o buscando fórmulas narrativas novedosas que deberán hacer de la convención de todo idioma aceptado como no convencional sino como "real" (*CC* 54).

En cambio, el narrador/"autor" de *Casa de campo* asegura haber abandonado "las convenciones disimuladas por el 'buen gusto' con su escondido arsenal de artificios" para alcanzar su propio "modesto fin de proponer al público que acepte lo que escribo como un artificio" (*CC* 53). La exploración de las cavernas y los pasadizos de Marulanda da paso a un análisis y exploración de su propio universo estético. A través de esta auto-exploración el uso del laberinto se desarrolla desde una estructura física a un símbolo, desde una utilidad práctica a una metafórica. El laberinto convencional equivale al arte por el arte más que al arte que se propone cierto fin. La auto-exploración del narrador de *Casa de campo,* sin embargo, está marcada por la ironía —la "distancia" que busca interponer entre el material de su relato y la experiencia del lector— y entonces hay que leer en la subversión de lo puramente estético una seria inquisición sobre la naturaleza de las ficciones que construyen nuestra realidad.

Claude Mauriac, en su novela *La marquise sortit à cinq heures*, también evoca el mundo de la ficción y lo revela *como* una ficción: el novelista como observador que se observa da paso imperceptiblemente al autor de la novela. Mauriac describe a su "personaje triple": "Romancier animé par un romancier que romancier moi-même j'ai mis dans un roman où rien pourtant ne fut inventé, un jeu de miroir y prenant à ses pièges, des sensations, des sentiments et des pensées vécues..." (311). El paradigma de *La marquise* de Mauriac nos puede servir entonces como una pequeña clave para interpretar el episodio intercalado en el Capítulo Doce de *Casa de campo* de una supuesta entrevista entre el narrador/"autor" y uno de sus personajes. Como hemos visto, el narrador/"autor" descompone el orden que sus propias convenciones han establecido, interponiéndose por la calle con la "versión definitiva" de la novela bajo el brazo, para buscar un diálogo con Silvestre Ventura, el que era uno de sus personajes (aunque ahora parece un poco distinto). La necesidad de explicarse ante los juicios negativos del personaje es infructuosa, y el narrador/"autor" decide irónicamente desdoblar la esquina y eliminar su propia presencia "con este volumen debajo del brazo" para retomar la senda anterior de su narración. La auto-reflexividad del "observador que se observa" se revela auto-conscientemente y desencadena una confusión vertiginosa de niveles de visión. El episodio expone en primer plano la tensión entre el que explora el laberinto y el que lo diseñó: la confusión del explorador que desea alcanzar la visión completa del diseñador engloba a los personajes que se mueven por el espacio y al lector que se mueve por el texto. Además, el que parecía haber construído el diseño de repente se encuentra en él y se observa desconcertado. La novela retrata un mundo laberíntico visto a través de una estructura narrativa laberíntica que niega la posibilidad de un centro o de un escape, y asocia aquel andar vagando con la creación artística (Faris 15-16). El *mise-en-abîme* es un diseño altamente auto-reflexivo que representa un desdoblamiento laberíntico, una serie de convoluciones, un centro vacío, tal que este laberinto narrativo sugiere una metamorfosis del *asunto* de la ficción en el *proceso* de la ficción, la búsqueda de la narrativa misma (Faris 87). El laberinto/texto se revela como un espejo en que la voz narrativa trata de verse y así entender el diseño: "Quiero que este capítulo de mi historia retroceda en el tiempo para analizar las actitudes de esta familia que estoy inventando —y de paso explicármela a mí mismo a medida que la construyo—" (*CC* 54). El narrador/"autor", y a su lado el lector, busca alcanzar la visión del diseñador para salir del encarcelamiento del explorador. En este contexto es comprensible la declaración del narrador/"autor" casi al final de la novela: quisiera "aferrarme a estos trozos de mi imaginación y prolongarles la vida para hacerlos eternos y frondosos. Pero no puede ser. Tienen que terminar aquí, porque debo recordar que si los artificios poseen vida, poseen también muerte para que no lleguen a devorar como monstruos al autor" (*CC* 492-493). La auto-reflexividad, abierta de un modo ambivalente en el texto, nos conduce de nuevo hacia el proceso discursivo de la narración en vez de hacia la clausura de la obra.

*La desesperanza*[3] es experimentada como laberíntica por el lector no tanto por el tiempo y espacio urbanos por los que transita, sino por la búsqueda del significado en la vida y en el arte que refleja. A través de los personajes de Mañungo Vera, Pedro López (Lopito) y Judit Fox principalmente, la novela cuestiona el significado de la obra de cada individuo o artista, y el significado de la vida y la muerte. El carácter dual del espacio, al mismo tiempo una ciudad y una jungla o selva, refleja los peligros de unos callejones sicológicos sin salida y de unos monstruos personales que le tientan al personaje a perderse por unas sendas equivocadas de investigación. Sólo se puede confirmar y aceptar la historia, no cambiarla al revés.

El viaje por el que embarcan Mañungo y Judit al internarse en "el *ghetto verde* del privilegio" durante "La noche" (la segunda parte de la novela) es un reencuentro para cada uno con sus demonios personales. Es una noche "capaz de conducirlos a cualquier parte", y durante su tránsito por las calles fantasmales de la ciudad nocturna se confiesan lo más oscuro de su pasado en un deseo de expiación y de "colocarlo afuera y verlo, por fin, y quizás comprenderlo" (*D* 127). Mañungo revive la culpa de su dudoso compromiso político con el Movimiento de Izquierda Revolucionaria (MIR) al lado de Lopito y Judit, y las relaciones fracasadas con su mujer e hijo. Judit vuelve a experimentar los horrores de la vida en la clandestinidad, la detención por razones políticas,

[3] José Donoso, *La desesperanza*. Barcelona: Seix Barral, 1986. En adelante se citará de esta edición.

la amenaza de ser atacada por un perro policial y la no-violación por un torturador anónimo, cuya voz gangosa y cuyo toque en la rodilla ella persigue ahora por las calles esperpénticas de la ciudad. El recorrido hecho por Mañungo y Judit de estas "calles como estrechos túneles arbolados" refleja su confusión traumatizada, personal y colectiva. Ni Teseo ni Ariadne tiene el hilo para guiarse en la salida de este laberinto de confusión y pesadilla.

El espacio de la ciudad y el tiempo de la aventura se comprimen en un sólo símbolo, y la experiencia de encontrarse atrapado se intensifica con esa condensación. El viaje parece descender por los intestinos de la metrópoli, y pone a los personajes centrales en contacto con otros que son descritos como "una excrecencia grotesca de la noche urbana" (*D* 119). La acción tiene lugar desde el crepúsculo de un día, durante toda aquella noche, hasta la mañana del día siguiente (aunque hay que señalar también que se intercalan episodios recordados del pasado lejano y el más reciente de los personajes). El ascenso de las tinieblas a la luz del día, sin embargo, no desemboca en la redención y la salvación del mal, sino en una continuación de la tortura grotesca y la muerte sin sentido. La imposibilidad de salvación ni en la tierra ni en el tiempo señala la total desorientación y la desesperanza de los personajes, traspasando al individuo el peso de toda la colectividad:

> ahora, como anoche, el tiempo transparente le hacía [a Mañungo] reconocer como actual o pasado aquello que jamás había vivido, pero que estaba ocurriendo simultáneamente en cualquier parte, distante o muy cercana, detrás de la puerta del despacho del capitán, o encerrado hasta el ahogo en la sepultura, o con las grandes puertas del paisaje abiertas de par en par (*D* 303).

Que el espacio físico percibido por el personaje ya no tenga las características "evidentes" de un laberinto no importa: en vez de pasar por los túneles arbolados y salir en el otro extremo del diseño, se siente todavía (y más) atrapado por una opresión predominante fuera de su control y de su comprensión aún bajo la luz del día. La opción de seguir o retroceder no ha constituido necesariamente ninguna libertad, ya que sólo conduce a un terreno conocido o un pasaje ya encontrado —lo cual es desesperante si la meta es progresar, o escaparse. Aunque "las grandes puertas del paisaje" parezcan estar abiertas de par en par, la sensación opresiva de todavía quedar atrapado anula una auténtica esperanza de libertad o seguridad.

Al final de *La desesperanza*, hay cierta sensación de progreso: al contemplar el diorama de *"Chile en miniatura"*, el "precioso país de juguete [...] de cartón piedra", los personajes reconocen claramente que esa máscara edénica del país oculta todo lo terrible, lo cómico y lo trágico que apenas se disimula bajo la superficie demasiado bonita. Se imaginan a sí mismos reflejados en los ciudadanos de la miniatura, para salir con una perspectiva nueva y más completa, quizás redentora, de sí mismos:

> Esta visión paradisíaca estaba recorrida por caminos transitados por el público maravillado de reconocer su retrato en este pequeño espejo mágico que les permitía preguntarse con emoción: ¿somos realmente así? y creerlo. Pero quizás si no fuera por los enrejados que separan los paisajes de miniatura de los visitantes de porte normal y de carne y hueso, éstos quizás lo destruirían (*D* 325).

Esta inversión conceptual del laberinto tradicional en una estructura simple es análoga metafísicamente a los cambios de dirección que caracterizan los itinerarios laberínticos. La vislumbre de esperanza que aparece en este momento se debe a la sensación de triunfo sobre el laberinto al despojarlo de los aspectos más devoradores de su forma tradicional (Faris 93). Al final de la novela, tanto el personaje como el lector ha echado una mirada al diseño desde arriba y fuera del laberinto más inmediato: el mundo no es un caos sino que tiene una arquitectura. Al mismo tiempo, como el mapa concebido por Borges "que tenía el tamaño del Imperio y coincidía puntualmente con él", el diorama del país debería contener un diorama del país y así hasta lo infinito, reduplicando vertiginosamente los niveles de un encerramiento cósmico.[4] Nuestra visión parcial nos permite comprender el diseño, sin salir de él: la trans-

---

[4] Jorge Luis Borges, «Del rigor en la ciencia», *Narraciones* 129. Barnatán recoge esta observación de Borges de «Magias parciales del Quijote», de *Otras Inquisiciones*: «Ese mapa, en tal caso, debe contener un mapa del mapa, que debe contener un mapa del mapa del mapa y así hasta lo infinito.»

Pensamos también en el personaje de *El obsceno pájaro de la noche*, el «fracasado» escritor Humberto Peñaloza, quien describe su propio librito como «un mundo perdido más atrás de otros mundos perdidos más atrás de otros mundos perdidos, excelencia sustituyendo excelencia caducada, cabezota de cartonpiedra dentro de cabezota de cartonpiedra» (*OPN* 151).

parencia ganada sobre el tiempo y el espacio revela lo convencional de los artificios que forman la arquitectura tanto del orden artístico como del orden histórico, pero seguimos siendo responsables en última instancia de la productividad del significado.

A diferencia de los de un Borges, por ejemplo, los textos de Donoso se enfocan menos en la conjetura abstracta y más en las consecuencias sociales, políticas y creativas explícitas en la opresión y el encerramiento del laberinto. Los laberintos de Donoso se unen al contexto social que los engendra (sin que éste sea su único significado, claro está). Su estructura degradante y enajenante refleja una desintegración social y moral que "vomita a los habitantes harapientos de la población dispersándolos por la ciudad a buscar trabajo, a robar o a divertirse":

> Al otro lado crece y crece esa población, una red que recoge a la gente que la ciudad bota como desperdicio: un laberinto de adobes y piedras y escombros [...] hacinados de cualquier manera, sin orden, [...] otra célula más queda agregada a este cáncer que crece y crece (*Este domingo* 169).

La condición abyecta retratada aquí no surge porque los exploradores de este microcosmos —tanto unas viejas familias adineradas como unos desposeídos— conciban su estructura voluntariamente así, sino porque ese mundo los infecta de su propia enfermedad y fragmentación, reduciendo a escombros el trabajo y la alegría de sus habitantes. El cáncer urbano está poblado de las víctimas de una decadencia social, de la que es tanto el emblema como el producto.

El arte y la vida son dos registros diferentes, pero los dos sólo pueden concebirse en términos discursivos. Así los dos órdenes son unas formas de representación, sobreimpuesta cada una en la otra, unos aspectos diferentes del mismo impulso a la mediación que define la existencia humana. El palimpsesto de estas recreaciones discursivas sobreimpuestas desenmascara los múltiples textos manifiestos y ocultos. Es un fenómeno paradójico: las fronteras entre los textos desaparecen en cuanto se descubren, ya que la yuxtaposición de las múltiples lecturas revela simultáneamente la naturaleza subordinada del discurso explícito tanto como el implícito (Meléndez 1987: 200). Para Bakhtín, el mundo intratextual no se compone *sólo* de artificios convencionales, de igual modo que el mundo extratextual no es totalmente libre de convenciones tampoco. El *chronotope* combina los valores espacio-temporales con una evaluación de su significancia: la arquitectura estética tiene atados a ella ciertos valores reconocibles. Desde un punto de vista bakhtiniano, entonces, el dilema de elegir entre la representación de la sujetividad individual del artista o la ideología colectiva se revela como una elección falsa. Para Bakhtín, la mediación entre la conciencia individual y las normas sociales es un proceso mutuo.

En *Labyrinths of Language*, Faris describe el laberinto como el signo de "un lenguaje que no es uno, es decir, un lenguaje que no está oficialmente reconocido y también un lenguaje que no es unitario sino múltiple, o que se bifurca", "un signo del inconsciente, pero un inconsciente verbal, el inconsciente del lenguaje mismo" (192, 193). La polivalencia del signo del laberinto reúne, entonces, no sólo el modelo de la estructura textual y el mapa de una voz sin centro y sin origen, sino el fundirse del individuo y el medio social e ideológico, y la adquisición problemática de un lenguaje narrativo. Como una comunidad donosiana de trashumantes y desharrapados mendigos y vagabundos, vivimos como exiliados la necesidad de la interpretación a través de un lenguaje, un sistema de signos, que es al mismo tiempo una máscara de cartonpiedra que nos encierra y esconde y una esfera de transparencia donde vemos reflejada la esencia siempre cambiante de lo humano.

# VII. La multivocalidad de *El jardín de al lado*

El papel predominante en la obra donosiana de la escritura y el poder creativo en la obsesión del personaje por "verse" reaparece de modo explícito en *El jardín de al lado*.[1] Al tratar de un protagonista que es escritor y latinoamericano, sería muy fácil ver en esta obra la novelización de algo que Donoso ya había volcado unos diez años anteriores en su *Historia personal del "boom"*,[2] es decir, los "trozos de [su] autobiografía" mencionados por el novelista al concluir su historia del "boom". Al recordar la definición que ha dado Mario Vargas Llosa del escritor como "exorcizador de sus propios demonios," Donoso la califica añadiendo que el escritor:

> puede cometer el acto mágico [...] de utilizar su propio yo, implacablemente empeñado en inventar un idioma, una forma con el fin de efec-

---

[1] José Donoso. *El jardín de al lado*. Barcelona: Seix Barral, 1981. En adelante se usarán las siglas *JL* para citar de esta edición.

[2] En su equilibrado análisis «*El jardín de al lado*: la escritura y el fracaso del éxito,» Oscar Montero quiere ver la novela en términos de «la relación del escritor a la sociedad, su posición frente al reconocimiento o desprecio que ésta pueda otorgarle según el valor que se le ofrezca a sus textos» (450). En cambio, Luciano Pérez Blanco se empeña en «*El jardín de al lado*, o del exilio al regreso» en establecer equivalencias entre los personajes y lugares novelísticos y la vida real de personas actuales relacionadas con la autobiografía de Donoso. Para Pérez Blanco, entonces, *El jardín* es «la justificación por parte del propio creador (José Donoso) del exilio voluntario y de la vuelta a Chile en este año de 1981» (203), mientras que para Montero es «un comentario irónico sobre el mito del éxito literario definido según los irrisorios escalafones construidos en la *Historia personal*» —es «la duda frente a la labor de toda una vida, frente a una manera de vivir y de escribir, duda frente al «espaldarazo» de una sociedad que destruye de las maneras más sutiles...» (466-467). En mi análisis espero enfocarme en la construcción de las máscaras y el papel de la escritura como espejo para que el creador, sea Julio o Gloria o incluso Donoso, logre «verse».

> tuar el acto de hechicería de hacer una literatura que *no aclare nada*, que no explique, sino que sea ella misma pregunta y respuesta, indagación y resultado, verdugo y víctima, disfraz y disfrazado (*Historia personal* 40).

Si *El jardín* tiene alguna relación con la *Historia personal*, quizás haya que desentrañarla más bien en la característica del "boom" que Donoso allí destaca, de la *no* aceptación de una realidad unívoca y "de indagación: preguntas, no respuestas" (*Historia personal* 39). El uso del "jardín" como espacio y como texto se relaciona estrechamente con aquella propuesta crítica: "al fin y al cabo uno no escribe con el propósito de decir algo, sino para saber qué quiere decir y para qué y para quiénes. [...] queda este jardín despoblado para una luminosa inquisición" (*JL* 159). Resultado no de una disyunción sino de una síntesis —el texto es "pregunta **y** respuesta, indagación **y** resultado, verdugo **y** víctima, disfraz **y** disfrazado"—, la ambigüedad mágica de descubrir y de ocupar todas las máscaras (y así a la vez ninguna) hará de *El jardín de al lado* mucho más que unos trozos apenas disfrazados de autobiografía.

En esta novela un escritor latinoamericano auto-exiliado en España se enfrenta con el fracaso en su esfuerzo por dar validez a su palabra y su existencia. Julio Méndez tiene que enfrentarse con las expectativas creadas alrededor de él como hijo, hermano, esposo, padre, liberal, y autor/creador. El único recurso de Julio para confrontar toda la fragmentación que lo escinde en distintos roles es lograr reescribir "la novela del golpe" que le concederá un sentido de identidad y de poder, que lo incluirá entre los grandes del "boom" literario latinoamericano. Cuando un amigo les ofrece su apartamento por el verano, Julio y su esposa abandonan la costa mediterránea y se trasladan a Madrid. Allí, inspirado por el jardín de al lado que libera sus recuerdos y fantasías, Julio comienza el proceso de la reescritura del manuscrito rechazado. El jardín de al lado, entonces, es un paraíso prohibido al que Julio no tiene acceso; es también el jardín familiar en Chile al que no puede volver; y es un espacio que vive, respira y se abre para purificar y sanar toda la enfermedad y la amargura que se derraman de las ventanas del apartamento herméticamente cerrado donde Julio y Gloria luchan por salvar su vida de pareja y la novela. Después de una serie de crisis personales que culmina en un segundo rechazo del manuscrito (el que Julio tiene miedo de revelar), la pareja viaja a Marruecos donde la voz narrativa de

Julio se pierde entre las calles de Tánger en un exilio voluntario o un suicidio simbólico.

*El jardín de al lado* sobrepasa esa ruptura: la voz que narra la última sección es la de Gloria, aparentemente la autora de la obra que hemos leído hasta este punto,[3] al escribir como si fuera el esposo que escribía. Su propia escritura ha sido un enfrentarse con su fragmentación entre hija, esposa, madre y "creadora", y con su propia crisis y el intento de suicidarse en el apartamento en Madrid.[4] La novela suya, no obstante, ha sido aceptada por la poderosa editora barcelonesa, mientras Julio, un mendigo que ruega inútilmente incorporarse al grupo selecto de escritores creados y mantenidos por las casas editoriales, acaba viendo la metáfora de su propia conciencia exiliada en un mendigo silencioso, enfermo y moribundo en las calles de Tánger:

> Lo ha perdido todo, o nunca ha tenido, y no espera nunca tener nada: su destino es yacer junto a un montón de basura, cerca de un grupo de mendigos de categoría superior, hasta que un tifus lo mate y se reintegre a la basura (*JL* 238).

Es sólo al perder las acostumbradas señas y máscaras de identidad —y por un rato la voz misma— que tanto Julio como Gloria logran realizarse en un esfuerzo colaborativo, en el que las definiciones impuestas desde fuera ceden a las necesidades comunicativas del individuo en pugna por dar validez a su existencia.[5]

---

[3] Lucille Kerr («Authority in Play» 58) comenta la naturaleza ambigua del último capítulo y postula distintas lecturas: «either as a set of notebook entries that will become the material for the end of Gloria's novel(s), or as (a form of) the text of that final chapter itself» –ya que Núria Monclús le pregunta a Gloria por «el capítulo que falta, el que no has escrito» (*JL* 264).

[4] Como la hija de una familia bien durante cierta época y cuyas opciones en la vida fueron limitadas por su padre, Gloria ha sido desde siempre marginada en (y metaforicamente exiliada de) la sociedad patriarcal. En cambio, M. I. Millington ve en Julio un chileno de edad madura y de la clase media quien se colocaba comodamente dentro del patriarcado, ya que tenía ciertas expectativas con respecto a su identidad y su probable éxito y poder. Después de una serie de fracasos o amenazas personales y profesionales, Julio se encuentra «in exile from his assumed position of preeminence in patriarchy» («Out of Chile: Writing in Exile/Exile in Writing» 72).

[5] En el análisis de Sharon Magnarelli, «exile proves to be an enabling paradigm insofar as both writers embrace the inevitability of multiple subject positions, refusing to privilege a seamless (if indeed mythical) wholeness. [...] The *either/or* dialectic is rejected and replaced with *and/also*» («Images of Exile/Exile(d) Images» 71).

Desde la portada misma del libro nos enfrentamos con el enmascaramiento y la escritura. Tomadas del cuadro "Les Amants" de René Magritte, las dos figuras serán un hombre y una mujer por lo poco que vemos de la ropa que llevan, pero cada una está encapuchada bajo una tela blanca que anula las facciones sin insinuar bien siquiera el perfil.[6] En el trasfondo de la portada, atrás del fragmento del cuadro, se ven unas líneas de un borrador del manuscrito de *El jardín* mismo (aparentemente del episodio clave de la demencia de Gloria cuando, después de un intento de suicidio, se niega a hablar). En las figuras de la portada ya empezamos a vislumbrar la ambigüedad esencial de la identidad, el peso del silencio y la incomunicación, y en el trasfondo el acto de escribir para encontrar una voz.[7]

La novela que iba a ser la justificación de la existencia de Julio se basaba en unos seis días de encarcelamiento por razones políticas en Chile, "donde no [lo] torturaron ni [lo] interrogaron siquiera, y constituye una reserva de dolor que no necesita metáfora para ser válida: basta relatar los hechos" (*JL* 30). Los hechos que aquí habría que relatar se reducen paradójicamente a la incomunicación, a la ausencia de un interlocutor, y a unos seis días de inactividad y de silencio.[8] Gloria, por su parte, con "la cara cubierta con sus manos con su habitual gesto de do-

---

[6] El motivo de anular la acostumbrada máscara sexual se reafirma en la estatua/metáfora de «los etruscos» en el piso en Madrid: «un monumental fragmento funerario etrusco—las cabezas, ay, desaparecidas, aunque el ritmo del drapeado y la ternura de la mano masculina entrelazada con la mano femenina se proponían como una metáfora del amor eterno como algo posible» (*JL* 17).

[7] Berta López Morales comenta el «fuerte impacto emocional» que produjo la portada en Chile en el momento de su publicación: «la tortura, el secuestro y la prisión se encontraban sugeridos en el diseño de la portada sobre una obra de René Magritte y nadie, salvo escasos lectores, pensó en el título del cuadro allí reproducido.» Según López Morales, el «lector ingenuo» imaginaba «una novela que daría cuenta, aún en el ámbito de la ficción, de una realidad opresora, alienante y dolorosa» («La portada de *El jardín de al lado*, umbral de una seducción» 64). Cuando «la tensión inicial» de la lectura ha culminado en «un estado de deflación,» el lector sigue siendo seducido por «la tortura de la creación, la angustia de la escritura y de la lectura» (65; 67).

[8] Julio califica su propio texto de «falso, débil, inútil»; la única linea que leemos es quizás la primera, «El cielo sobre Santiago al amanecer del once de setiembre estaba claro, como suele suceder en esa zona de Chile en esa época del año» (*JL* 109). La inactividad y la distracción de Julio dominan su «reescritura» del texto, el cual será leído eventualmente por Gloria pero nunca por el lector de *El jardín*.

lor, que es una defensa y una cárcel y un rechazo", transgrede los confines de la supuesta demencia/silencio por medio de sus cuadernos. Al contemplarse también en el espejo del jardín de al lado, escribe ella la historia suya del matrimonio y el exilio.[9]

Mi lectura de este intercambio y diálogo entre los dos narradores/autores dista de la de Lucille Kerr, para quien el escribir, o tratar de escribir, en este texto significa ocupar un lugar privilegiado que hay que ganarse en competencia contra un adversario (que es también compañero) tanto en la empresa matrimonial/familiar como en la textual. En la interpretación de Kerr, narrar significa usurpar el lugar o suprimir la voz del otro para hacerse el sujeto dominante y quizás único del texto: dejar de escribir o narrar es abandonar el terreno (Kerr 1983: 47). Mi lectura de *El jardín*, en cambio, se concentra en el entretejimiento de las voces en vez de su separación.[10] Si nos enfocamos en los *productos* de la auto-objetivación (el intento de "verse") tanto de Julio como de Gloria, privilegiamos a una de los narradores sobre el otro. En cambio, si nos concentramos en la *actividad* constante del proceso de la (re)escritura-(re)lectura-(re)interpretación, llegamos a un cuestionamiento de la autoridad en todas sus formas. La auto-contemplación en el espejo del jar-

---

[9] La condesita del jardín de al lado, proyección de la fantasía de Julio, también termina suicidándose. Según Oscar Montero, es un suicidio «lejano y poco convincente» con lo cual desaparece el ideal de la belleza clásica concebida por Julio («La escritura y el fracaso del éxito» 463). Sin embargo, me parece más convincente si se coloca dentro del marco de la insuficiencia y el encerramiento impuestos por los clásicos papeles sociales que silencian tanto a Julio como a Gloria. La condesita nunca es más que o «madraza», *hausfrau* o «esmirilado objeto de lujo» (*JL* 104-105), y su suicidio daría testimonio de la caducidad de los roles tradicionales de la mujer, observación especialmente convincente cuando se toma en cuenta que se nos revela en el último capítulo, cuando Gloria por fin abandona su disfraz.

[10] Kerr ve como un «diálogo» el rol silencioso de uno de ellos mientras el otro emite su monólogo, y vice versa. Señala que, tal como el silencio de Gloria parece transformar a Julio en escritor, el silencio de Julio obliga a Gloria a hacerse lectora: «when Julio finishes writing and becomes silent, as it were, his demand for her response to his text initiates a kind of dialogue through and with that same text.» Designa a Gloria como «his *silent* textual interlocutor» (52; énfasis añadido). Prefiero leer en la interacción de los dos un constante proceso de mediación y esfuerzo por romper con las máscaras que los encierran igualmente. Ninguno está totalmente silenciado dentro del discurso del otro, sino que cada uno funciona para provocar la ruptura en y transgredir los confines de la visión del otro.

dín produce una novela igualmente compleja por parte de los dos narradores, y su ambivalencia sigue reverberando más allá de la clausura formal del texto. Como el breve *mise-en-abîme* del Capítulo Doce de *Casa de campo*, el último capítulo de *El jardín de al lado* obliga al lector a retroceder y reconsiderar la novela. De repente toda la narración hasta ese punto parece una senda equivocada, o por lo menos sólo una de las bifurcaciones del sendero, y el lector tiene que dar marcha atrás en su tarea interpretativa para reconocer el influjo de cierto error en su búsqueda de un significado. Las bifurcaciones que se abren en el texto le presentan al lector unas elecciones alternas para su interpretación; el lector hábil elegirá *no* elegir, dejando que las posibilidades en pugna coexistan.

El "jardín de al lado" como novela que se desdobla y como espacio que se desdobla es debidamente el signo más polivalente de esta obra: "Es arraigo, historia, leyenda, metáfora, territorio propio, término en que habita el corazón" (*JL* 171). Es el jardín exclusivo del duque de al lado al mismo tiempo que es el jardín familiar de la casa en Chile: los árboles y las flores serán distintos, pero el silencio y la sombra son iguales (*JL* 65). Es el vientre materno protector: "Uno no vuelve a un país, a una raza, a una idea, a un pueblo: uno —yo por lo pronto— vuelve a un lugar cerrado y limitado donde el corazón se siente seguro" (*JL* 169).[11] Es el jardín del paraíso, vedado a Julio: "un mundo en que el placer puro es aquello con que se cuenta. No tengo acceso a ese mundo... pero soy capaz de contemplarlo desde lejos...", mirando envidioso a la condesita cuya "sensualidad está cifrada en un código que yo no sé romper y por lo tanto me excluye" de la juventud y el placer (*JL* 68, 105). El jardín es una cárcel de sombras y silencio y enfermedad; en otros momentos se abre para purgar lo maligno y redimir con la purificación. Cuando Gloria intenta suicidarse, una amiga "abre las ventanas del dormitorio,

---

[11] Sandra M. Boschetto, en «La inversión como aproximación al mundo femenino en algunos relatos de José Donoso» señala que «la imagen del útero [...] arrastra a compromisos indeseados» y «atrapa para liquidar formas esenciales de la libertad» (539) Ya que Julio quisiera esquivar el dudoso compromiso político, la «seguridad» que anhela aquí sería más bien el «letargo en que no existe ni individualidad ni voluntad» (540). De hecho, después de silenciar su voz al perderse por las callejuelas de la Kasbah de Tánger, lo vemos dormido en la cama de su mujer, los dos «en paralelas posiciones semifetales,» con un aviso en la puerta de «*Please do not disturb*» (*JL* 264).

la persiana, las cortinas [...]: es como si al instante nuestro dormitorio vomitara toda su suciedad al jardín adyacente, en cuyo vacío murmullo de hojas se disuelve, y nuestro dormitorio queda purificado" (*JL* 197-198). Cuando Gloria empieza a recuperarse, lentamente se establece el contacto con la humanidad otra vez a través del jardín.

El jardín-texto también se abre para purgar lo doloroso e inauténtico y redimir con la "luminosa inquisición" que cada narrador alcanza al "verse" en el otro. Al fin y al cabo el acto de escribir y de crear en esta novela también es una manera de sanarse, aunque en el desconocido manuscrito de Julio no alcance ser "literatura y no sólo un manoseo de las heridas propias" por eso (*JL* 173). Es sólo en esta narración que Julio nos confiesa:

> Yo también, como quien convalece, voy llegando al fin de mi novela. [...] No logro verme, ni "verla". Sólo sé que me quedan las llagas de una prolongada enfermedad, y que llegar al fin no significa quedar restablecido. [...] el dolor de antes, el de la enfermedad, sólo ha tomado otra dimensión al sacármelo de adentro (*JL* 211-212).

El jardín, entonces, en todas sus encarnaciones y disfraces, "not only characterizes the proliferation and elusiveness of its meanings but also questions the distinction between what is understood as literal and what is figural": como nos invita a considerar Priscilla Meléndez, "In other words, which one is the "real" garden, who represents the authoritative voice of the text, which novel are we, in any case, reading?" (Meléndez 1987: 201).

Forjar una voz autorizada equivale a subvertir la máscara, a recuperar la palabra perdida o rechazada o silenciada. Para que el "manoseo de las heridas propias" tenga un valor universal y estético, el elemento imprescindible es el adquirir una forma que uno puede manejar y un idioma en que uno se reconoce, pero en el que otros se reconocen también. La narración cuestiona, por ejemplo, el valor de un tono apropiadamente "masculino" (heroico, para la novela del golpe) versus un tono probablemente marcado como "femenino" (íntimo, cotidiano y doméstico).

La dificultad del latinoamericano en el exilio también tiene su reflejo en el lenguaje. Además del consabido enfrentamiento generacional en que "las discusiones siempre alrededor del mismo tema [...] entre [los] padres y los amigos de la familia" se llenaban de "cifras de un código emocionalmente inerte" para los hijos, puede haber también una falta de base lingüística común: "crecieron nuestros hijos con problemas lingüísticos, hablando idiomas extraños, o un español distinto al nuestro, con acento catalán o madrileño o parisino" (*JL* 51-52, 33). Julio mismo se preocupa continuamente por forjar un lenguaje entre el español latinoamericano (de su tiempo) y el español (actual) de España, a menudo corrigiéndose pero logrando así fundir los dos términos: "el autobús —no, la micro—", "ganchillo —*crochet*, en Chile—", "el departamento: 'piso', me corrijo", "aquí y ahora es persiana, no celosía, como allá y entonces"; hasta lucha con el nombre de su propio hijo, "Patrick, no, Pato". La recuperación de las señas de identidad perdidas en el viaje entre Hispanoamérica y Europa es lo que sigue reuniendo a la comunidad de mendigos y vagabundos, los "trashumantes y desharrapados exiliados políticos latinoamericanos [...] que tan a menudo nos odiábamos pero que no podíamos prescindir de nuestra compañía" (*JL* 34).

Las señas de identidad del hombre y de la mujer aquí son de índole más problemática y universal. Ya se ha visto que, "en su representación del personaje, Donoso abandona las nociones superficiales que emergen de la novela decimonónica, donde la personalidad aparece, por lo general, como una entidad unificada que no se problematiza abiertamente" (Boschetto 1983: 532). En yuxtaposición con *Middlemarch*, obra que no logran terminar de traducir, los narradores/autores de esta novela no escriben bajo el mandato de una autoridad que impide su conciencia.[12] Julio mismo cuestiona el privilegio aparentemente inherente en su identidad de esposo, padre y autor dentro de un marco tradicional, revelando su incapacidad de asumir tales poderes o derechos automáticamente (Kerr 1983: 46). De un modo parecido, su carac-

[12] «[I]f she [Dorothea Brooke] had written a book she must have done it as Saint Theresa did, under the command of an authority that constrained her conscience» (George Eliot, *Middlemarch*, Cap. 10).

Hay bastante ironía en el hecho de que la obra de Julio sea criticada por su «tono menor»: «el respeto local por mis dos novelas y mi libro de relatos [...] era siempre *limitado* por distintas versiones del mismo comentario: 'Su mundo es *demasiado doméstico y personal*, *carente* de [una] ambición totalizadora'» (*JL* 35; énfasis añadido). La segunda versión de su novela rechazada es calificada de «chillona» (*JL* 224): características todas de una innegable conotación femenina y simultáneamente desvalorizada.

terización de Gloria subvierte la usurpación patriarcal de la identidad de artista para la mujer (ya que de alguna manera debería *ser* una obra de arte ella misma).[13] Su imagen mental de Gloria, ahora "la otrora perfecta Odalisca de Ingres", persiste para él "más allá del tiempo" y no anula ni las dotes musicales de ella ni su "pasión del trabajo" mientras disfruta del acto de escribir (*JL* 37). Por otra parte, podríamos decir que es Gloria quien irónicamente obliga a Julio a emitir sus quejas de la manera en que ella se ha envejecido y cambiado.[14] Gloria es presentada como una mujer de carne y hueso, a quien su esposo cree conocer totalmente, al mismo tiempo que ella le sigue siendo "unknowable, unreachable, [and] *unreadable*."[15]

Rosemary Geisdorfer Feal se enfoca en el velo echado sobre la figura de la mujer y la escritura femenina en esta novela. Insistiremos, en cambio, que el velo es fundamental para los dos personajes en su función de autores. Vemos a los dos velados desde la portada misma del texto,[16] y más allá del diseño de la cubierta, siguen velándose detrás de los antifaces negros que se ponen para dormir, detrás de las cortinas, persianas y ventanas del apartamento que da al jardín, y detrás de las cubiertas de sus manuscritos y cuadernos. El velo es una imagen de ence-

---

[13] Dorothea, por ejemplo, «*es* poema»; *Middlemarch*, Cap. 22.

[14] Julio, claro, no puede ver la totalidad de su propia imagen exterior: en su función de «otra» para él, Gloria es portadora del mismo estigma. Ella es el espejo que le devuelve su propia imagen de «un intelectual burgués que ha pasado la cincuentena» y cuya blanca barriga da asco. Cada uno se ve a través del deseo del otro, y es su larga historia compartida lo que los sigue uniendo.

[15] Véase el análisis de la «Grande Odalisque» de Ingres en el interesante estudio de Rosemary Geisdorfer Feal, «Veiled Portraits: Donoso's Interartistic Dialogue in *El jardín de al lado*,» 403. En particular interesa el comentario (recogido por Geisdorfer Feal) de Norman Bryson sobre «Valpinçon Bather» de Ingres: la figura es «a force of *vacuum*»; no se ofrece en absoluto, sino que constituye una ruptura en la imagen típica y homogenea de la mujer. Hay zonas de la figura que ella misma no puede ver (y el espectador sí): para Bryson, «they isolate the viewer in voyeurism and erotic deflection» (404).

[16] Para Eduardo Barraza Jara, los rostros no pueden ser asociados necesariamente con los protagonistas: «El estereotipo del hombre de cuello y corbata que triunfa, no es precisamente el status que ha alcanzado Julio, quien, por lo mismo, no puede ser el sostén de Gloria como lo sugiere la portada. Además, mientras la novela expone el encuentro entre hombre y mujer, la portada muestra que la pareja no se mira sino que ambos dirigen su vista a lo lejos, hacia un punto indefinido, fuera del espacio concebido a la superficie pintada» («El discurso paratextual en *El jardín de al lado*» 142).

rramiento y de límites, los cuales están dotados paradójicamente de una fluidez transitoria y ambivalente.[17]

El velo en la ficción de George Eliot, descrito por Gilbert y Gubar como "a multitude of webs, nets, snares, bandages, shawls, masks, and curtains" (469), es también una metáfora de la escritura misma. Al penetrar en su ambivalente fluidez aquí, discernimos no la omnisciencia sino "an apparently secondary subject of authority [who] replaces another whose primary position seems to have been authorized and then denied by that very subject who literally follows, but also virtually precedes, him as the 'original' author(ity)" (Kerr 1983: 44). La *auto*ridad misma nunca se encuentra exactamente en el lugar o en la *persona* donde aparenta estar: ni aquí ni allá, sino siempre en otro sitio (o en el sitio del otro).

A pesar del intercambio entre los dos narradores, uno de los cuales desaparece y la otra que sólo se revela al final, esta novela no es solamente del uno ni de la otra. Tanto para Gloria como para Julio, "la imagen de las cosas no se completa, después de veintitantos años de matrimonio, hasta haberlas compartido" (*JL* 254). La separación entre la voz masculina y la femenina en la lectura lineal del texto establece la oposición; el acto de la interpretación, sin embargo, exige que reinstauremos la coexistencia de una voz sobreimpuesta en la otra. Se funden inextricablemente: la voz narrativa es una figura últimamente andrógina que efectúa una inversión de valores, y la figura del Autor desaparece discre-

---

[17] Vale apuntar aquí el comentario de Sandra M. Gilbert y Susan Gubar sobre «The Lifted Veil» de George Eliot, en «Made Keen by Loss: George Eliot's Veiled Vision.» *The Madwoman in the Attic: The Woman Writer and the Nineteenth-Century Literary Imagination.* New Haven/London: Yale University Press, 1979, esp. 469-471. Según las autoras, «The Lifted Veil» ofrece una crítica del mito de la visión penetrante y es simultáneamente una investigación de las suposiciones del arte novelística. La capacidad del protagonista de ver detrás de o más allá del velo sin revelarse es emblemática de la omnisciencia del novelista para percibir la conciencia de sus personajes. Eliot muestra que ese poder es alienante ya que sólo le revela al protagonista su aislamiento e impotencia, lo cual señala para Gilbert y Gubar las «antithetical attitudes toward imaginative insight» de Eliot misma. Esperamos indicar una ambivalencia parecida en Donoso con respecto al valor y la autoridad última de la creación literaria.

De paso notamos que si Eliot encierra a una «madwoman in the attic» en *Middlemarch*, la caracterización es válida aquí tanto para Julio como para Gloria. Los dos confiesan su «prolongada enfermedad» íntimamente ligada con la escritura; por otra parte, es sólo con Julio que Gloria se niega a hablar durante su «demencia».

tamente detrás de la cortina de las voces compuestas (González 1989: 108-109, 110-111).

En su inversión de las voces narrativas Donoso alcanza "la sublimación del sexo," que sería según Julia Kristeva "el andrógino completo"; el proceso de sublimar capacita a los dos narradores para deshacerse de la máscara, "que es la marca de alteridad, el rechazo de la identidad" (*El texto de la novela* 84, 232). En la sublimación del sexo, en la historia compartida, en la necesidad de completarse en el otro y en la posibilidad de transformarse en y por la voz del otro reside la esencia andrógina de su discurso mutuo. En su huída por Tánger para escaparse del fracaso es significativo que Julio adoptara como guía a Bijou, un personaje de indiscutible ambigüedad, amoralidad e indefinición sexual. Carente de un auténtico nombre, sólo se le conoce a través de una cadena de significantes ambiguos (Alhaja, *angelo musicante*, Bijou) cuyo significado sexual se mantiene por lo menos enmascarado si no desplazado o ausente:

> su ambigua figura de adolescente, señalando una infinitud de posibilidades a las que el ser está abierto, sería lo que tentó a Julio a salir en busca de esa quimera o algún peligroso sustituto que lo llevara a perderse en una, o varias, de las laberínticas posibilidades que hay en todo ser (*JL* 260).

Marruecos atrae a estos personajes porque la imagen de ellos mismos que se les devuelve allí es muy distinta de su imagen occidental. Allí sus propios rostros "y los otros rostros se transfiguran por ser mutuamente indescifrables"; allí podrían andar "con la cara velada" para "disimular la vergüenza" (*JL* 234-235).

En *El jardín de al lado*, entonces, el enmascaramiento de la identidad sexual,[18] junto con el enmascaramiento del acto de escribir, anula la paternidad discursiva junto con toda concepción jerárquica de la *auto*ridad:

> The notions of reading and writing [...] compel Gloria and Julio (characters, writers, narrators) and us as readers, to engage in a process in which both of these activities are challenged by their own repetition. [...] The text's deconstruction of its own writing is achieved in the infinite replacement and flow of previous writings that show no hierarchical bounds but which have been rhetorically concealed (Meléndez 1987: 208).

[18] Vale notar que para Geisdorfer Feal, «the facial veil has been displaced upward from the true locus of corporeal shame» (404-405).

La negación de un Autor en el texto deconstruye la noción de una paternidad de la obra y de una jerarquía discursiva: puesto que la palabra es siempre y de antemano del otro, no hay un sólo autor, padre, o dueño definitivo u originario del discurso.

El acto intratextual de leer en *El jardín* es tanto explicado como redefinido por su contrapartida, el acto de escribir (por las múltiples relecturas de su propio manuscrito que hace Julio para sí mismo y después para Gloria, y por la relectura del discurso de Julio implícita en la escritura de Gloria). Como acierta en indicar Priscilla Meléndez, Donoso (como Autor) está igualmente sometido al proceso de la sustitución, y su texto también es amenazado por nuestra lectura e inevitable re-escritura (Meléndez 1987: 206). El retirar la posibilidad de la certeza textual descubre entonces la naturaleza contingente tanto de la autoridad misma como de las maniobras que subyacen el precario ejercicio de la autoridad desde el principio del texto (Kerr 1983: 44).

Como los velos ("webs", "snares", "masks", etc.) que se multiplican en este texto, las recurrentes ventanas son simbólicas de la multiplicidad de los puntos de vista en la novelística: el apartamento, como tantos de los espacios interiores de Donoso, es "the writer's house of fiction", ya que las ventanas le proveen de un distanciamiento ante el mundo de afuera y de un marco para su visión (González 1989: 101). En esta novela, "ver" por el vidrio de una doble voz narrativa se transforma en la metáfora donosiana de la producción literaria: "ver" en sus términos significa proyectar la interioridad del personaje (y en última instancia, la interioridad del Autor) en una imagen o escena exterior (González 1989: 100). El desplazamiento de la visión y la identidad se traduce entonces en un exilio que es tanto el tema como la metáfora de la escritura misma. En esta novela del exilio, el discurso del exilio yuxtapone y acaba fundiendo la esencia referencial y la esencia auto-reflexiva de su naturaleza.

Las voces que narran *El jardín de al lado* se han creado a otros interlocutores "afuera y al lado de" sí mismas como única defensa contra el terror del silencio y la pérdida de la voz y la identidad, y para que sirvan de marco:

> para que este examen tuviera fuerza de realidad era necesario que yo construyera algo fuera de mí misma, pero que me contuviera, para 'verme': un espejo en el cual también se pudieran 'ver' otros, un objeto

> que yo y otros pudiéramos contemplar afuera de nosotros mismos (*JL* 252-253).[19]

La repetición de los *actos* de escribir y leer informa también nuestra interpretación (que es simultáneamente una relectura y una reescritura). El carácter referencial del discurso coexiste con una marcada auto-reflexividad. La temática textual afirma una "ambición totalizadora" de fundir el fracaso y el éxito, el amor y el odio, la esperanza y la desesperación; el desenmascaramiento de los mecanismos textuales y la naturaleza contingente de toda autoridad acaba transgrediendo los confines de la realidad y la ficción. Por el constante proceso de desplazamiento de la voz y la visión hacia lo otro, la narrativa donosiana nos capacita para contemplar "afuera de nosotros mismos" la naturaleza del lenguaje mismo y la manera en que define nuestra experiencia.

[19] En una entrevista con Fernando Ainsa, Donoso declara que «writers must always be, at least to some extent, outsiders. If they are not so by nature, they must be able, albeit at some personal cost, to distance themselves from anything that would identify them too closely with a particular group, ideology or class, or with their country. One should be wary of the idea of belonging. Outsiders see things differently.» (*UNESCO Courier*, July-August 1994, 4).

# Conclusiones

Para José Donoso como escritor, la personalidad humana no es sino una colección de disfraces, de máscaras y nada más, un sistema de signos que no se adecua fácilmente a la infusión de nuevos significados a menos que haya una encrucijada de múltiples voces que se transforman y se mezclan. Más allá de unas fáciles dicotomías socio-económicas, ideológicas e históricas subyace, entonces, un cuestionamiento inquietante del lenguaje y la identidad humanos. Entra en juego en cada conciencia escindida e incompleta un elemento foráneo: el otro. No es un elemento invasor, sino que es buscado por el sujeto necesitado de la integridad al consumarse en lo ajeno.

Para Mikhail Bakhtín, la palabra es "a two-sided act", un acto de doble filo que reverbera simultáneamente en dos direcciones y que habla con dos caras: "It is determined equally by *whose* word it is and *for whom* it is meant. As word, it is precisely *the product of the reciprocal relationship between speaker and listener, addresser and addressee*" (*Marxism and the Philosophy of Language*, 86). El dialogismo, el proceso de la mediación, es constante y mutuo: las contradicciones y conflictos entre el individuo y la ideología social dominante potenciarán eventualmente la interacción y el cambio en los dos. Los dos códigos reverberan dentro de cada ser, al mismo tiempo que se enfrentan en unos campos más amplios.

La palabra sirve como un trasfondo dialogante, donde el individuo se encuentra con la alteridad. Por consiguiente hemos reconocido en los encerramientos espacio-temporales construidos por la narrativa donosiana, no tanto el signo de una clase socio-económica concreta en decaimiento, sino más bien el signo de los confines de un dominio lingüístico en crisis. Por una parte, se dificulta una lectura demasiado arraigada en la realidad chilena actual y extratextual por la persistencia de repetidos elementos absurdos y fantásticos que rompen con el código de un supuesto realismo social. Por lo contrario, el carácter auto-reflexivo de la narración construye un espacio escénico que es altamente artístico y teatralizado, de una naturaleza deliberadamente irreal. Por otra parte, el carácter irreal que adquiere el contexto ficcional abre el texto a una lectura más universal en sus dimensiones: no de una clase social concreta en decaimiento, sino de la decadencia de toda la sociedad humana, vista aquí como un microcosmos que infecta de su propia enfermedad y fragmentación a sus habitantes abyectos. La casa-prisión y la familia desintegrada que se encierra allí, son sólo otro modelo en pequeño de la ciudad-prisión y la sociedad desintegrada que se dispersa por ella. La naturaleza infernal e intestinal de las calles urbanas es tanto el emblema como el producto de un enajenamiento social y moral que para Donoso es la esencia de la condición humana en cuanto regida por un sistema dominante y excluyente de valores.

En los seres marginales, como los mendigos harapientos o los exiliados errantes, hemos visto un signo recurrente en la obra donosiana. Cuestionan o se niegan a vivir bajo el sistema jerárquico y sus convenciones, y así devienen una "comunidad sin nombre para la cual ninguno de los signos sacralizados tenía vigencia" (*Cuatro para Delfina* 140). Son los habitantes de unas dimensiones espacio-temporales ilimitadas, el enverso de la medalla de las barreras de la casa-prisión. Los mendigos y los exiliados, aparte de ser leídos sólo como los desposeídos dentro de un sistema socio-económico dominante, se insinúan en cambio como los dueños de otro orden, intuido justo más allá. Es frecuente que la articulación de ese orden quede reprimida en el espacio del texto, ya que se les retrata hablando otra lengua ininteligible, o sin participar en absoluto dentro de la narración. No obstante, la interacción con los seres marginales libera en el orden jerárquico una nueva conciencia y quizás una revalorización del caos y el cambio. Perdidos en sí mismos y en el tiempo-espacio del orden artístico, los mendigos y exiliados son doblemente los dueños de otras experiencias y otros conocimientos vistos aquí como sagrados. Las aperturas que señalan en el sistema excluyente y monológico, según el cual el dominio sobre otro es la única definición de "ser alguien", subvierten y pervierten tal jerarquía autoritaria de valores para proponer otra definición de la identidad y del poder.

El tiempo-espacio artístico de la obra donosiana es en última instancia también el sitio de un cuestionamiento del orden narrativo mismo, en parte porque otros órdenes creativos, como la pintura, la fotografía y la música, se intercalan en la narrativa y revelan la naturaleza ambigua y construida del arte mismo. Hacen que el texto refleje autoconscientemente su propia autoridad creadora. Al desarticular las convenciones de un orden "que no es uno", donde la belleza y la verdad dependen de quien establece y controla el contexto, dificultan la autoconstrucción de la autoridad creativa. Es notable la frecuencia en Donoso de las figuras creadoras en crisis, exiliadas de la utopía del poder creativo total.

En *Problems of Dostoevsky's Poetics*, Bakhtín explora la manera en que el autor construye y comunica la significancia de un texto. En vez de asignarle al autor un lugar privilegiado y único en el discurso ficticio, por encima de las condiciones que gobiernan a sus personajes, para Bakhtín el punto de vista del autor funciona en diálogo con otros puntos de vista y otras verdades. No postula un autor pasivo, quien simplemente recoge múltiples puntos de vista:

> The author is profoundly active, but his activity is of a ... dialogical nature. It is one thing to be active in relation to an inanimate thing –voiceless stuff that can be molded at will; it is quite another thing to be active in relation to another living, equally privileged consciousness (*Mikhail Bakhtin* 244).

Clark y Holquist señalan que es imposible separar el concepto bakhtiniano de la relación entre el creador y lo creado, de sus teorías del discurso en general: el "yo" (incluso el del autor) nunca es libre para imponer su intención sin obstáculos, sino que siempre tiene que mediar esa intención a través de las intenciones de otros, empezando con la alteridad del lenguaje mismo en que habla. En última instancia, la falta de fe en un origen o una paternidad discursiva ha de subyacer el abandono donosiano de un discurso falsamente "realista" o mimético que pretende explicarlo todo. La confusión de tantas reglas y juegos hace explícitas la construcción y desmitificación en cada nivel de los mecanismos de la autoridad.

En el análisis de los textos de Donoso, hemos querido ver que los espacios a primera vista resguardados y estáticos terminan por revelar su carácter ambiguo y altamente simbólico. Por una parte encarnan la tensión y la confusión entre el paraíso y la prisión, entre la protección y el encarcelamiento, una naturaleza dual imposible de resolver. Por otra parte, al negar o desplazar la existencia de un centro estable, se transforman en pequeños laberintos, evocando tal vez un orden desaparecido, o recreando más bien otro orden más complejo y ambivalente. Reflejan las trazas de una voz en busca de sí misma por el campo de la alteridad. El recorrer de los pasadizos laberínticos refleja los errores, repeticiones y elecciones de un viaje que es simultáneamente hacia el exterior y hacia adentro. Las múltiples sendas posibles, tanto como la proliferación de ventanas y puertas, indican la proliferación de otras perspectivas. Las aperturas que surgen entre la conciencia encerrada y el exterior desconocido se ofrecen como una posibilidad de escape o entrada, al mismo tiempo que le proveen a la postura distanciada de un marco para su mirada objetivante.

El espacio vuelto irreal y simbólico actúa entonces como un escenario teatral y dramatizado donde se resuenan voces muy diversas. Los aparentes invasores responden menos a una lucha extratextual de clases y más a las necesidades del sujeto de auto-objetivarse y verse en su búsqueda de lo otro: la polarización y la bidimensionalidad son inherentes en los personajes, ya que corresponden a una zona de un conjunto de posibilidades no compartibles. Se construyen más como *personae* o máscaras que personas, unas metamorfosis creadas por el lenguaje mismo.

Si entendemos la naturaleza comunicativa del lenguaje como un constante proceso de interacción entre la conciencia individual y el medio social e ideológico, en que la formulación de la identidad del yo involucra la creciente necesidad de verse interpretado en el otro, entonces podemos ver la contrapartida formal de este concepto al nivel del texto en la fragmentación de la voz narrativa. La "multivocalidad" inherente según Bakhtín en el lenguaje mismo se concretiza en el desdoblamiento de la perspectiva narrativa, traduciéndose en la coexistencia textual de otras voces igualmente autorizadas. La voz narrativa se busca en diálogo con un interlocutor afuera y al lado de sí misma, en un constante proceso de interacción provocada por una crisis de identidad. El discurso monolítico y univocal es un disfraz de cartonpiedra, una máscara hueca y últimamente ineficaz, ya que no deja nada que reflejar en la interacción con el otro. La falta de espacio para el cambio y las dudas limita una visión crítica y la relega a una posición irónica desde las márgenes.

Las laberínticas posibilidades que hay en todo ser se materializan en los textos de Donoso, entonces, bajo la forma de múltiples personajes que completan la perspectiva narrativa repartida entre ellos, y en la forma de un espacio escénico laberíntico, el mapa trazado por el yo que embarca en un viaje hacia adentro y hacia el exterior simultáneamente, en búsqueda del otro. Puesto que la posibilidad de escaparse de este paisaje simbólico se niega, errar entonces por el laberinto significa una iniciación en la problemática adquisición de un lenguaje narrativo y una iniciación en la creación verbal o artística. El largo viaje por el laberinto y el lento proceso de elaborar un significado en la obra reflejan tanto el viaje hacia el yo como el viaje hacia el texto.

La fusión del tiempo y el espacio —vueltos inseparables bajo el *chronotope* del laberinto— organiza la estructura de la narrativa misma y nuestra lectura de ella. Es el sitio donde los nudos de la narrativa se atan y se desatan. El diseño del laberinto se convierte en el espejo del complejo proceso de vivir, escribir y leer en el mundo de la alienación moderna. El narrador/observador se observa a sí mismo en una auto-exploración de su propio universo estético/histórico. El laberinto del texto deviene el escenario de su auto-reflexividad, para cuestionar el orden que sus propias convenciones han establecido.

Se desencadena una confusión vertiginosa de niveles de visión, puesto que el explorador del diseño desea alcanzar la visión completa del diseñador, y en cuanto la alcanza, se da cuenta borgeanamente de que puede sólo estar en la posición del explorador de las convenciones de otro diseñador de nuevo. El centro y el origen se desplazan infinitamente, y el asunto de la ficción se metamorfosea en el proceso de la ficción misma. El laberinto es el signo del lenguaje mismo, de la producción de la fábula, del desplegarse de la historia humana en el mundo, y entonces tanto el narrador como el lector viven como unos exiliados la necesidad de verse reflejados en el espejo para descifrarse. La auto-reflexividad de la escritura hace transparente el enmascaramiento de un lenguaje que *no* es uno sino multivocal y polivalente.

Aunque el arte y la vida son dos registros diferentes, los dos sólo pueden concebirse en términos discursivos. Sobreimpuestos cada uno sobre el otro, son la marca del palimpsesto. Las fronteras entre los dos textos desaparecen paradójicamente tan pronto como se descubren, al revelar simultáneamente la naturaleza subordinada tanto del discurso explícito como del implícito. No se compone el orden artístico sólo de artificios convencionales, ni existe libre de convenciones artificiosas el orden histórico tampoco.

Hemos querido ver la función en la obra de Donoso del *chronotope* del laberinto, la forma *par excellence* de la escritura auto-consciente misma. La empresa discursiva es una cuestión de arquitectura: de la relación entre las partes y el todo que las incorpora en una nueva integridad. Esta relación se da intratextualmente; entre los textos que abarcan un género; dentro del orden discursivo que es "la literatura" o "el arte"; y entre los distintos discursos que componen el lenguaje humano. El desarmar los distintos niveles de interacción le provee a Donoso de los medios para examinar y cuestionar los conceptos tradicionales del tiempo y el espacio, del arte y la vida, y en última instancia del poder y de la autoridad del productor de la palabra para jamás establecer el significado definitivo.

# BIBLIOGRAFÍA

## I. Obras de José Donoso, en orden cronológico


"The Blue Woman," *MSS* [revista literaria de la Universidad de Princeton] 3.1 (nov. de 1950): 3-7. Reimpreso en *Chasqui: Revista de Literatura Latinoamericana* 2.1 (1972): 62-66.

"The Poisoned Pastries," *MSS* 3.3 (mayo de 1951): 3-8. Reimpreso en *Chasqui: Revista de Literatura Latinoamericana* 2.1 (1972): 67-72.

*Coronación* [1958]. Barcelona: Seix Barral, 1975.

*Cuentos.* Barcelona: Seix Barral, 1971. Reune *Veraneo y otros cuentos* [1955] y *El charleston* [1960].

*Este domingo* [1966]. Barcelona: Seix Barral, 1976.

*El lugar sin límites* [1967]. Barcelona: Seix Barral, 1979.

*El obsceno pájaro de la noche* [1970]. Barcelona: Seix Barral, 1970.

*Historia personal del "boom"* [1972]. Barcelona: Sudamericana Planeta, 1984.

*Tres novelitas burguesas* [1973]. Barcelona: Seix Barral, 1975.

Colección de cuadernos privados [1967-1975]. Firestone Library, Princeton University.

*Casa de campo.* Barcelona: Seix Barral, 1978.

*La misteriosa desaparición de la marquesita de Loria.* Barcelona: Seix Barral, 1980.

*El jardín de al lado.* Barcelona: Seix Barral, 1981.

*Poemas de un novelista.* Santiago, Chile: Ganymedes, 1981.

*Cuatro para Delfina.* Barcelona: Seix Barral, 1982.

*La desesperanza.* Barcelona: Seix Barral, 1986.

*Taratuta. Naturaleza muerta con cachimba.* Madrid: Mondadori, 1990.


## II. Obras sobre José Donoso


ACHUGAR, HUGO. *Ideología y estructuras narrativas en José Donoso (1950-1970).* Caracas: Centro de Estudios Latinoamericanos "Rómulo Gallegos", 1979.

ADELSTEIN, MIRIAM. "Aislamiento y simbolismo en dos cuentos de José Donoso." *Explicación de Textos Literarios* 4.2 (1975-76): 157-60.

———. "The Insubstantial Country of the Mind: *Cuentos* by José Donoso." *Studies on the Works of José Donoso: An Anthology of Critical Essays.* Lewiston, NY: Edwin Mellen Press, 1990, 43-53.

ADELSTEIN, MIRIAM, ed. *Studies on the Works of José Donoso: An Anthology of Critical Essays.* Lewiston, NY: The Edwin Mellen Press, 1990.

AGUERA, VICTORIO G. "Mito y realidad en *El lugar sin límites* de José Donoso." *Explicación de Textos Literarios* 4 (1975): 69-74.

AINSA, FERNANDO. Interview with José Donoso. *UNESCO Courier* July-August 1994: 4.

ALONSO, SANTOS. Reseña de *La misteriosa desaparición de la marquesita de Loria,* de José Donoso. *Reseña de Literatura, Arte y Espectáculos* 17.127 (1980): 11-12.

APONTE, BARBARA BOCKUS. "El niño como testigo: La visión infantil en el cuento hispanoamericano contemporáneo." *Explicación de Textos Literarios* 11.1 (1982-83): 11-12.

ARANA, ELSA. "Los pájaros de la noche de José Donoso." *Plural* 34 (1974): 65-69.

BACARISSE, PAMELA. "Donoso and Social Commitment: *Casa de campo.*" *Bulletin of Hispanic Studies* 60 (1983): 319-332.

———. "*El obsceno pájaro de la noche*: The Novelist as Victim." *The Modern Language Review* 81 (1986): 82-96.

———. "*El obsceno pájaro de la noche*: A Willed Process of Evasion." *Forum for Modern Language Studies* 15 (1979): 114-129.

BAKER, RILDA L. "Perfil del narrador desenmascarado en *Casa de campo.*" *La Chispa '81: Selected Proceedings.* 2nd Louisiana Conference on Hispanic Languages and Literatures. Gilbert Paolini, ed. New Orleans: Tulane University (1981): 35-41.

BALLESTEROS, ISOLINA. "La función de las máscaras en *Tres novelitas burguesas* de José Donoso." *Revista Iberoamericana* 60.168-169 (1994): 981-92.

BARRAZA JARA, EDUARDO. "El discurso paratextual en *El jardín de al lado,* de José Donoso." *Revista Chilena de Literatura* 46 (1995): 139-145.

———. "Las dos escrituras en *El jardín de al lado,* de José Donoso." *Estudios Filológicos* 25 (1990): 131-141.

———. "Escritura masculina-escritura femenina: *El jardín de al lado* de José Donoso." *Mujer y sociedad en América: VI simposio internacional.* Argentina: Instituto Literario y Cultural Hispánico (1990): 19-30.

BERNAL, A. ALEJANDRO. "La dictadura en el exilio: *El jardín de al lado* de José Donoso." *Inti: Revista de Literatura Hispánica* 21 (1985): 51-58.

BIANCIOTTI, HECTOR Y SEVERO SARDUY. "José Donoso: ¿Le roman? Un instrument pour se connaître." *La Quinzaine Littéraire* 136 (1-15 mars 1972): 8-9.

BOCAZ, SERGIO HERNÁN. "La novelística de José Donoso y su cosmogonía estética através de dos influencias principales: Marcel Proust y Henry James." Diss. University of Colorado, 1972.

"*Boom* writers: the last generation. A conversation with José Donoso." *Torre de papel* 1.2 (winter 1991): 42-47.

Borinsky, Alicia. "Repeticiones y máscaras: *El obsceno pájaro de la noche.*" *MLN* 88.2 (1973): 281-294.

Boschetto, Sandra M. "La inversión como aproximación al mundo femenino en algunos relatos de José Donoso." *Hispania* 66 (1983): 532-541.

Browning, Richard L. "La arquitectura de la memoria: los edificios y sus significados en *El obsceno pájaro de la noche* de José Donoso." *Chasqui* 22.2 (1993): 15-23.

Cajiao Salas, Teresa. "Algunas consideraciones sobre la narrativa chilena en el exilio." *Cuadernos Hispanoamericanos* 375 (1981): 600-615.

Calae de Agüera, Helen. "Desintegración de la personalidad en *Tres novelitas burguesas.*" *Cuadernos Hispanoamericanos* 320-321 (1978): 478-487.

Calderón, Alfonso. "Ese miedo que llaman orden." *Hoy* 95 (21-27 marzo 1979): 39-41.

Calderón, Héctor. "Ideology and Sexuality, Male and Female in *El obsceno pájaro de la noche.*" *I & L, Ideologies and Literature: A Journal of Hispanic and Luso-Brazilian Literatures* Nueva época (Ser. 2), 1.3 (1985): 31-50.

Camozzi, Rolando. Reseña de *Casa de campo,* de José Donoso. *Reseña de Literatura, Arte y Espectáculos* 16.120 (1979): 10-11.

———. Reseña de *El jardín de al lado,* de José Donoso. *Reseña de Literatura, Arte y Espectáculos* 18.133 (1981): 10-11.

Campos, Jorge. Reseña de *El obsceno pájaro de la noche,* de José Donoso. *Insula* 26 (1971): 11.

Carminatti, Graciela. "Entrevista a José Donoso." *Revista de la Universidad de México* 35.5-6 (1980-81): 56-58.

Carnero, Guillermo. "*El obsceno pájaro de la noche.*" *Cuadernos Hispanoamericanos* 250 (1972): 169-175.

Carnero, Guillermo y Jaime Siles. "Dos comentarios a José Donoso." *Cuadernos Hispanoamericanos* 259 (1972): 169-178.

Castillo-Feliú, Guillermo I. "Aesthetic Impetus Versus Reality in Three Stories of José Donoso." *Studies in Short Fiction* 17 (1980): 133-139.

———. "Artistas y autores: José Donoso y su última novela." *Hispania* 54 (1971): 957-959.

———. "*El obsceno pájaro de la noche*: Un ejercicio en punto de vista." *Revista de Estudios Hispánicos* 16.1 (1982): 81-88.

———. "Reflexiones sobre el perspectivismo en *Coronación* de José Donoso." *Hispania* 63 (1980): 699-705.

Castillo-Feliú, Guillermo I., ed. *The Creative Process in the Works on José Donoso.* Rock Hill, SC: Winthrop College, 1982.

Caviglia, John. "Tradition and Monstrosity in *El obsceno pájaro de la noche.*" *PMLA* 93.1 (1978): 33-45.

Cerda, Carlos. *José Donoso: Originales y metáforas.* Santiago, Chile: Planeta, 1988.

Cerezo, María del C. "La simetría en *Este domingo.*" *Explicación de Textos Literarios* 8.2 (1979-80): 201-208.

CHRIST, RONALD. "An Interview with José Donoso." *Partisan Review* 49.1 (1982): 23-44.

COLEMAN, ALEXANDER. "Some Thoughts on José Donoso's Traditionalism." *Studies in Short Fiction* 8.1 (1971): 155-158.

COOVER, ROBERT. "*The Obscene Bird of Night.*" *The New York Times Book Review* (17 June 1973): 1-2.

CORNEJO POLAR, ANTONIO. "José Donoso y los problemas de la nueva narrativa hispanoamericana." *Acta Litteraria Academiae Scientiarum Hungaricae* 17. 1-2 (1975): 215-226.

———. "*El obsceno pájaro de la noche*: La reversibilidad de la metáfora." *Nuevos Aires* 9 (1972-73): 15-22.

CORNEJO POLAR, ANTONIO, ed. *José Donoso: La destrucción de un mundo.* Buenos Aires: Fernando García Cambeiro, 1975.

CURUTCHET, JUAN CARLOS. Reseña de *El obsceno pájaro de la noche,* de José Donoso. *Libre* 2 (1971-72): 143-145.

DURÁN, GLORIA. "*El obsceno pájaro de la noche*: La dialéctica del chacal y el 'imbunche'." *Revista Iberoamericana* 42.95 (1976): 251-257.

DURÁN-CERDA, JULIO. "El cuento chileno contemporáneo." *Stories in Short Fiction* 8.1 (1971): 44-63.

"Entrevista a propósito de *El obsceno pájaro de la noche.*" *Libre* 1 (1971): 73-76.

ESCALA, MARÍA. "Aspectos de una estética negativa: *El jardín de al lado* de José Donoso." *Studi di letteratura ibero-americana offerti a Giuseppe Bellini.* Roma: Bulzoni Editore, 1984, 291-299.

FINNEGAN, PAMELA MAY. *The Tension of Paradox: José Donoso's The Obscene Bird of Night as Spiritual Exercises.* Athens, OH: Ohio University Center for International Studies, 1992.

FLORI, MÓNICA. "La búsqueda de identidad en *El jardín de al lado* de José Donoso." *Discurso Literario* 5.1 (1987): 101-110.

———. "La función de los personajes femeninos en 'Paseo' y 'Santelices' de José Donoso." *Explicación de Textos Literarios* 14.1 (1985-86): 25-32.

———. "Las ventanas en 'Paseo' de José Donoso." *Selecta: Journal of the Pacific Northwest Council on Foreign Languages* 2 (1981): 112-115.

FOSTER, DAVID WILLIAM. Reseña de *El obsceno pájaro de la noche,* de José Donoso. *Hispania* 55 (1972): 392.

FRASER, HOWARD M. "Witchcraft in Three Stories of José Donoso." *Latin American Literary Review* 4.7 (1975): 3-8.

FRIEDMAN, MARY LUSKY. "The Artistry of *La desesperanza* by José Donoso." *Hispania* 78.1 (1995): 13-24.

———. "The Chilean Exile's Return: Donoso versus García Márquez." *The Americas Review* 18.3-4 (1990): 211-217.

GEISDORFER FEAL, ROSEMARY. "'In my end is my beginning': José Donoso's Sense of an Ending." *Chasqui: Revista de Literatura Latinoamericana* 17.2 (1988): 46-55.

———. "Utopian and Apocalyptic Endings in José Donoso's Recent Fiction." Columbus, Ohio: Midwest Modern Language Association Convention, 12-14 Nov. 1987.

———. "Veiled Portraits: Donoso's Interartistic Dialogue in *El jardín de al lado*." *MLN* 103.2 (1988): 398-418.

GERTEL, ZUNILDA. "*El obsceno pájaro de la noche*: Des-encarnación, transformación, inexistencia." *Acta Litteraria Academiae Scientiarum Hungaricae* 19.1-2 (1977): 77-87. [También aparece en *Chasqui: Revista de Literatura Latinoamericana* 6.1 (1976): 17-29.]

———. "Metamorphosis as a Metaphor of the World." *Center for Inter-American Relations: Review* 9 (1973): 20-23.

GOIC, CEDOMIL. "*Coronación*." *La novela chilena: Los mitos degradados*." Santiago, Chile: Editorial Universitaria, 1968: 163-176.

GOLDEMBERG, ISAAC. "*Coronación* de José Donoso o los límites del aislamiento." *Mundo Nuevo* 36 (1969): 74-80.

GONZALEZ, FLORA. "The Androgynous Narrator in José Donoso's *El jardín de al lado*." *Revista de Estudios Hispánicos* 23.1 (1989): 99-113.

———. *José Donoso's House of Fiction*. Detroit, MI: Wayne State University Press, 1995.

———. "Political and Personal Transformations in José Donoso's *La desesperanza*." *Revista Hispánica Moderna* 45 (1992): 210-224.

GORDON, DONALD K. "The Dynamics of Psyche in the Existencialism of José Donoso." *Studies on the Works of José Donoso: An Anthology of Critical Essays*. Miriam Adelstein, ed. Lewiston, NY: Edwin Mellen Press, 1990, 55-75.

GUERRA-CUNNINGHAM, LUCÍA. "Conformismo y liberación en 'Paseo' de José Donoso: Una dualidad no resuelta." *Nueva Revista del Pacífico* 9 (1978): 8-22.

———. "La problemática de la existencia en la novela chilena de la generación de 1950." *Cuadernos Hispanoamericanos* 339 (1978): 408-428.

GUTIÉRREZ MOUAT, RICARDO. "Aesthetics, Ethics, and Politics in Donoso's *El jardín de al lado*." *PMLA* 106 (1991): 60-70.

———. "Carnavalización de la literatura en *Casa de campo* y *Cien años de soledad*." *Sin Nombre* 13.1 (1982): 50-64.

———. "El disfraz figurado: *Coronación* y 'Gaspard de la Nuit'." *Hispamérica* 22 (1979): 94-96.

———. "La figura infantil en *Este domingo* y *Chatanooga Choo Choo*." *Revista de Estudios Hispánicos* 16.2 (1982): 223-239.

———. *José Donoso: Impostura e impostación: La modelización lúdica de una producción literaria*. Gaithersburg, MD: Hispamérica, 1983.

HASSETT, JOHN J. "The Narrator in the Novels of José Donoso: A Study of his Voice and Narration." Diss. University of Wisconsin-Madison, 1977.

———. "The Obscure *Bird of Night*." *Center for Inter-American Relations: Review* 9 (1973): 27-30.

———. Reseña de *Historia personal del "boom"*, de José Donoso. *Latin American Literary Review* 2.3 (1973): 108-111.

———. Reseña de *Sacred Families* (*Tres novelitas burguesas*), de José Donoso. *Latin American Literary Review* 8.15 (1979): 54-56.

HELSPER, NORMA. "Dismantling Sexual Politics in José Donoso's *Chatanooga Choochoo*." *Confluencia* 10.2 (1995): 55-66.

HILL, PAMELA. "José Donoso: Old Narrators, New Narrators." *The Creative Process in the Works of José Donoso*. Guillermo I Castillo-Feliú, ed. Rock Hill, SC: Winthrop College, 1982, 57-66.

———. "The Narrative Interrelationship of Author, Narrator, Protagonist, and Reader in the Novels of José Donoso." Diss. University of Texas-Austin, 1980.

HOLT, CANDACE KAY. "Voz narradora y estructura vertebrada en *El obsceno pájaro de la noche*." *Mester* 10.1-2 (1981): 33-42.

IÑIGO MADRIGAL, LUIS. "Alegoría, historia, novela (a propósito de *Casa de campo*)." *Hispamérica* 9.25-26 (1980): 5-31.

———. "'Santelices', capas medias, fascismo." *Texto Crítico* 7.22-23 (1981): 251-264.

JOSET, JACQUES. *Historias cruzadas de novelas hispanoamericanas: Juan Rulfo, Alejo Carpentier, Mario Vargas Llosa, Carlos Fuentes, Gabriel García Márquez, José Donoso*. Frankfurt: Vervuert; Madrid: Iberoamericana, 1995.

———. "El imposible *boom* de José Donoso." *Revista Iberoamericana* 48.118-119 (1982): 91-101.

———. "José Donoso, Gabriel García Márquez: Dos cultos fracasados." *Revista Iberoamericana* 51.130-131 (1985): 241-247.

———. "La subversión del indigenismo en *Casa de campo* de José Donoso." *Letterature d'America: rivista trimestrale* 26 (1985): 63-79.

KERR, LUCILLE. "Authority in Play: José Donoso's *El jardín de al lado*." *Criticism: A Quarterly for Literature and the Arts* 25 (1983): 41-65.

———. "Conventions of Authorial Design: José Donoso's *Casa de campo*." *Symposium* 42.2 (1988): 133-140.

KING, SARAH E. *The Magical and the Monstrous: Two Faces of the Child-Figure in the Fiction of Julio Cortázar and José Donoso*. New York & London: Garland Publishing, Inc., 1992.

LAGOS, RAMONA. "Inconsciente y ritual en *Coronación* de José Donoso." *Cuadernos Hispanoamericanos* 335 (1978): 290-305.

LEMOGODEUC, JEAN-MARIE. "Las máscaras y las marcas de la autobiografía: La cuestión del narrador en *El jardín de al lado* de José Donoso." *Revista de Crítica Literaria Latinoamericana* 19.38 (1993): 383-392.

LÉRTORA, JUAN CARLOS. "José Donoso's Narrative: The Other Side of Language." *Salmagundi* 82-83 (1989): 258-268.

LILLO CABEZAS, MARIO. "Notas: El orden temporal en *Casa de campo* de José Donoso: un caso de ambivalencia." *Estudios Filológicos* 22 (1987): 87-92.

Lipski, John M. "Donoso's *Obscene Bird*: Novel and Antinovel." *Latin American Literary Review* 4.9 (1976): 39-47.

López Morales, Berta. "La portada de *El jardín de al lado*, umbral de una seducción." *Acta Literaria* 19 (1994): 59-67.

Luengo, Enrique. "La enunciación y focalización narrativa en *El obsceno pájaro de la noche* de José Donoso." *Chasqui: Revista de Literatura Latinoamericana* 20.1 (1991): 23-33.

———. "Inteligibilidad, coherencia y transgresión en *El obsceno pájaro de la noche* y *Casa de campo* de José Donoso." *Hispanófila* 108 (1993 mayo): 75-87.

MacAdam, Alfred J. "José Donoso: *Casa de campo.*" *Revista Iberoamericana* 47.116-117 (1981): 257-263.

———. "José Donoso: Endgame." *Modern Latin American Narratives: The Dreams of Reason.* Chicago: University of Chicago Press, 1977: 110-118.

Madrid, Lelia. "El adiós a la semejanza." *Inti: Revista de Literatura Hispánica* 24-25 (1986-87): 61-77.

Mafud Haye, Consuelo. "El mito degradado en *Casa de campo* de José Donoso." *Nueva Revista del Pacífico* 31-32 (1987): 152-175.

Magnarelli, Sharon. "Amidst the Illusory Depths: The First Person Pronoun and *El obsceno pájaro de la noche.*" *MLN* 93 (1978): 267-284.

———. "The Baroque, the Picaresque, and *El obsceno pájaro de la noche.*" *Hispanic Journal* 2.2 (1981): 81-93.

———. "The Dilemma of Disappearance and Literary Duplicity in José Donoso's *Tres novelitas burguesas.*" *Prismal/Cabral: Revista de Literatura Hispánica/Cuaderno Afro-Brasilero Asiático Lusitano* 3-4 (1979): 29-46.

———. "Images of Exile/Exile(d) Images: The Cases of Luisa Valenzuela and José Donoso." *Revista de Estudios Hispánicos* 31 (1997): 61-75.

———. "*El obsceno pájaro de la noche*: Fiction, Monsters and Packages." *Hispanic Review* 45 (1977): 413-419.

———. "From *El obsceno pájaro de la noche* to *Tres novelitas burguesas*: Development of a Semiotic Theory in the Works of Donoso." *The Analysis of Literary Texts: Current Trends in Methodology*. Randolph D. Pope, ed. Ypsilanti: Bilingual Press, 1980: 224-235.

———. "*Tres novelitas burguesas*: Writing about Writing." *The Creative Process in the Works of José Donoso.* Guillermo I. Castillo-Feliú, ed. Rock Hill, SC: Winthrop College, 1982, 80-88.

———. *Understanding José Donoso.* Columbia, SC: U of South Carolina P, 1993.

Martínez, Renato. "El 'otro' y el proceso a la escritura: El caso del 'boom'." *Selected Essays from the International Conference on The Outsider 1988.* Carrollton: West Georgia College, 1990: 126-140.

Martínez, Z. Nelly. "*Casa de campo* de José Donoso: Afán de decentralización y nostalgia de centro." *Hispanic Review* 50 (1982): 439-448.

———. "Entrevista: José Donoso." *Hispamérica* 21 (1978): 53-74.

———. "José Donoso: A Short Study of His Works." *Books Abroad* 49 (1975): 249-255.

———. "*El obsceno pájaro de la noche*: La productividad del texto." *Revista Iberoamericana* 46.110-111 (1980): 51-65.

MCMURRAY, GEORGE R. "Interview with José Donoso." *Hispania* 58 (1975): 391-393.

———. *José Donoso*. Boston: Twayne, 1979.

———. "Nuevo vuelo deslumbrante del pájaro donesco." *Nueva Narrativa Hispanoamericana* 2.1 (1972): 198-201.

———. "La temática en los cuentos de José Donoso." *Nueva Narrativa Hispanoamericana* 1.2 (1971): 133-138.

MELÉNDEZ, PRISCILLA. "Writing and Reading the Palimpsest: Donoso's *El jardín de al lado*." *Symposium* 41.3 (1987): 200-213.

MILLER, LLOYD ARTHUR. "La técnica del punto de vista en José Donoso." Diss. University of Arizona, 1980.

MILLINGTON, M. I. "Out of Chile: Writing in Exile/Exile in Writing –José Donoso's *El jardín de al lado*." *Renaissance and Modern Studies* 34 (1991): 64-77.

MONTERO, OSCAR. "*El jardín de al lado*: La escritura y el fracaso del éxito." *Revista Iberoamericana* 49 (1983): 449-467.

MORELL, HORTENSIA R. *Composición expresionista en "El lugar sin límites" de José Donoso*. Río Piedras: Universidad de Puerto Rico, 1986.

———. "El doble en 'Gaspard de la Nuit': José *a la maniere de* Ravel, en imitación de Bertrand." *Revista de Estudios Hispánicos* 15 (1981): 211-220.

———. "Estética expresionista en *El lugar sin límites* de José Donoso." Diss. University of Wisconsin-Madison, 1979.

———. *José Donoso y el surrealismo: 'Tres novelitas burguesas'*. Madrid: Ed. Pliegos, 1990.

———. "Visión temporal en *El lugar sin límites*: Circularidad narrativa: Teatralidad cíclica." *Explicación de Textos Literarios* 11.2 (1982-83): 29-39.

MULLER, ANITA. "La dialéctica de la realidad en *El obsceno pájaro de la noche*." *Nueva Narrativa Hispanoamericana* 2.2 (1972): 93-100.

MUÑOZ, WILLY O. "El retorno a las fuentes primarias en 'El güero' de José Donoso." *La Chispa '83: Selected Proceedings*. 4th Louisiana Conference on Hispanic Languages and Literatures. Gilbert Paolini, ed. New Orleans: Tulane University (1983): 187-194

MURPHY, MARIE. *Authorizing Fictions: José Donoso's Casa de campo*. London: Tamesis, 1992.

———. "Language Put-On: José Donoso's *A House in the Country*." *Latin American Literary Review* 17.33 (1989): 50-59.

———. "Reflections on Authority and Fiction: José Donoso's *Casa de campo*." Diss. University of Wisconsin-Madison, 1986.

Olivares, Jorge. "El deseo del desaseo: De la represión a la expresión en 'Paseo' de José Donoso." *Romance Notes* 37.1 (1996): 97-107.

Omaña, Balmiro. "De *El obsceno pájaro de la noche* a *Casa de campo*." *Texto Crítico* 7.22-23 (1981): 265-279.

Otero, José. "'Paseo' de José Donoso a la luz de sus personajes, símbolos y estructuras." *Crítica Hispánica* 4.1 (1982): 47-56.

Pereira, Amalia. "Interview With José Donoso." *Latin American Literary Review* 15.30 (1987): 57-67.

Pérez, Janet. "Masks, Gender Expectations, Machismo and [Criss] Cross-Gender Writing in the Fiction of José Donoso." *Hispanófila* 119 (1997): 47-58.

———. "Paradigms of Exile in Donoso's Spanish Fiction." *The Literature of Emigration and Exile*. Whitlark, James (ed.) Lubbock, TX: Texas Tech University Press, 1992, 33-42.

Pérez Blanco, Lucrecio. "Acercamiento a una novela de denuncia social: *La misteriosa desaparición de la marquesita de Loria* de José Donoso." *Revista de Estudios Hispánicos* 16.3 (1982): 399-410.

———. "*Casa de campo* de José Donoso: Valoración de la fábula en la narrativa actual hispanoamericana." *Anales de Literatura Hispanoamericana* 6.7 (1978): 259-289.

———. "Dos lecciones 'deleitosas' de José Donoso para Delfina Guzmán." *Discurso Literario* 1.2 (1984): 277-287.

———. "*El jardín de al lado* o del exilio al regreso." *Cuadernos Americanos* 239 (1981): 191-216.

Picado, Isabel. "Bibliografía anotada seleccionada: La crítica de José Donoso." *Hispania* 73.2 (1990): 371-391.

Piña, Juan Andrés. "Experiencia de afuera." Reseña de *El jardín de al lado*, de José Donoso. *Hoy* 208 (15-21 julio 1981): 55.

———. "La fuga de José Donoso." *Hoy* 105 (30 mayo-5 junio 1979): 36-38.

———. "No sólo de novela vive..." Reseña de *Poemas de un novelista*, de José Donoso. *Hoy* 211 (5-11 agosto 1981): 47.

Pollard, Scott. "Gender, Aesthetics and the Struggle for Power in José Donoso's *El obsceno pájaro de la noche*." *Latin American Literary Review* 23.45 (1995): 18-42.

Promis Ojeda, José. "El mundo infernal del novelista José Donoso." *Anales de la Universidad del Norte de Antofagasta, Chile* 7 (1969): 201-223.

Pujals, Josefina A. *El bosque indomado donde chilla el obsceno pájaro de la noche: Un estudio sobre la novela de Donoso*. Miami: Ediciones Universal, 1981.

Quinteros, Isis. *José Donoso: Una insurrección contra la realidad*. Madrid: Hispanova, 1979.

*The Review of Contemporary Fiction*. Número dedicado a José Donoso. 12.2 (1992).

RIERA, MIGUEL. "Escribir para poder pensar: Entrevista con José Donoso." *Quimera* 60 (sin fecha): 18-25.

RIVERA, FRANCISCO. "A Conflict of Themes." *Center for Inter-American Relations: Review* 9 (1973): 24-26.

RODRÍGUEZ MONEGAL, EMIR. "El mundo de José Donoso." *Mundo Nuevo* 12 (1967): 77-85.

———. "The Novel as Happening: An Interview with José Donoso." *Center for Inter-American Relations: Review* 9 (1973): 34-39.

SAALMANN, DIETER. "José Donoso's Novel, *La desesperanza*, and Contemporary Chile–A Note of Musical Dissonance." *Bulletin of Hispanic Studies* 70.4 (1993): 425-34.

SALGADO, MARÍA A. "*Casa de campo* o la realidad de la apariencia." *Revista Iberoamericana* 51.130-131 (1985): 283-291.

SARDUY, SEVERO. "Writing/Transvestism." *Center for Inter-American Relations: Review* 9 (1973): 31-33.

SCOTT, ROBERT. "Heroic Illusion and Death Denial in Donoso's *El obsceno pájaro de la noche*." *Symposium* 32.2 (1978): 133-146.

SHEININ, DAVID M. K. "Social Breakdown in *Casa de campo*: José Donoso's Dark Sweep of Latin American History." *Hispanic Journal* 13.1 (1992): 153-163.

SHEPPARD, R. Z. "Shadow Play: *Sacred Families* and *Charleston and Other Stories*." *Time* 109 (27 June 1977): 68.

SKÁRMETA, ANTONIO. "La burguesía invadida." *Revista chilena de literatura* 4 (1971): 91-102.

SOLOTOREVSKY, MYRNA. "Configuraciones espaciales en *El obsceno pájaro de la noche*, de José Donoso." *Bulletin Hispanique* 82.1-2 (1980): 150-188.

———. "Fluidez y estatismo en *El obsceno pájaro de la noche*." *Texto Crítico* 5.15 (1979): 193-208.

———. *José Donoso: Incursiones en su producción novelesca*. Valparaíso, Chile: Ediciones Universitarias de Valparaíso, 1983.

———. *Literatura-Paraliteratura: Puig, Borges, Donoso, Cortázar, Vargas Llosa*. Gaithersburg, MD: Ediciones Hispamérica, 1988.

SOTO, ROMÁN. "Sobre poética y referencialidad en *La desesperanza* de José Donoso." *Revista Canadiense de Estudios Hispánicos* 19.2 (1995): 389-399.

SPITALERI, MARIO. Reseña de *El obsceno pájaro de la noche*, de José Donoso. *Chasqui* 1 (1972): 5-7.

STABB, MARTIN S. "The Erotic Mask: Notes on Donoso and the New Novel." *Symposium* 30 (1976): 170-179.

SWANSON, PHILLIP. "Binary Elements in *El obsceno pájaro de la noche*." *Revista de Estudios Hispánicos* 19.1 (1985): 101-116.

———. "Concerning the Criticism of the Work of José Donoso." *Inter-American Review of Bibliography/Revista Interamericana de Bibliografía* 33.3 (1983): 355-365.

———. "Donoso and the Post-Boom: Simplicity and Subversion." *Contemporary Literature* 28.4 (1987): 520-529.

———. "Una entrevista con José Donoso." *Revista Iberoamericana* 53.141 (1987): 995-998.

———. *José Donoso: The "Boom" and Beyond.* Liverpool, Great Britain: Francis Cairns Ltd., 1988.

———. "Some Additions to a Bibliography on José Donoso: An Update." *Chasqui* 11.1 (1981): 59-62.

———. "Structure and Meaning in *La misteriosa desaparición de la marquesita de Loria.*" *Bulletin of Hispanic Studies* 63.3 (1986): 247-256.

TATUM, CHARLES M. "Enajenación, desintegración y rebelión en *Tres novelitas burguesas.*" *The American Hispanist* 2.16 (1977): 12-15.

———. "*El obsceno pájaro de la noche*: The Demise of a Feudal Society." *Latin American Literary Review* 1.2 (1973): 99-105.

URBISTONDO, VICENTE. "La metáfora don Alejo/Dios en *El lugar sin límites.*" *Texto Crítico* 7.22-23 (1981): 280-291.

URRACA, BEATRIZ. "El concepto de personaje en *Casa de campo*: Entre la tradición y la innovación." *Revista Chilena de Literatura* 31 (1988): 105-124.

VERA URARTE, SARA LILIANA. "*Casa de campo* y los códigos manieristas." *Nueva Revista del Pacífico* 31-32 (1987): 176-207.

VIDAL, HERNÁN. *José Donoso: Surrealismo y rebelión de los instintos.* Barcelona: Aubi, 1972.

WEBER, FRANCES WYERS. "La dinámica de la alegoría: *El obsceno pájaro de la noche.*" *Hispamérica* 11-12 (1975): 23-31.

## III. Bibliografía general

ALTER, ROBERT. *Partial Magic: The Novel as a Self-Conscious Genre.* Berkeley: University of California Press, 1975.

AMANTE, DAVID J. "Ironic Language: A Structuralist Approach." *Language and Style* 13.1 (1980): 15-25.

BAKHTIN, MIKHAIL M. *Art and Answerability: Early Philosophical Essays by M. M. Bakhtin.* Michael Holquist and Vadim Liapunov, eds. Vadim Liapunov, trans. Austin: University of Texas Press, 1990.

———. *The Dialogic Imagination: Four Essays.* Michael Holquist, ed. Caryl Emerson and Michael Holquist, trans. Austin: University of Texas Press, 1981.

———. *Problems of Dostoevsky's Poetics.* Caryl Emerson, ed. and trans. Minneapolis: University of Minnesota Press, 1984.

———. *Rabelais and His World.* Hélène Iswolsky, trans. Bloomington: Indiana University Press, 1984.

———. *Speech Genres and Other Late Essays.* Vern McGee, trans. Michael

Holquist and Caryl Emerson, eds. Austin: University of Texas Press, 1986.

BAKHTIN, M. M./P. N. MEDVEDEV. *The Formal Method in Literary Scholarship: A Critical Introduction to Sociological Poetics.* Albert J. Wehrle, trans. Cambridge and London: Harvard University Press, 1985.

BAKHTIN, M. M./V. N. VOLOSHINOV. *Marxism and the Philosophy of Language.* Ladislav Matejka and I. R. Titunik, trans. New York: Seminar Press, 1973.

BANFIELD, ANN. "Reflective and Non-Reflective Consciousness in the Language of Fiction." *Poetics Today* 2.2 (1981): 61-76.

BARTHES, ROLAND. "From Work to Text." *Textual Strategies: Perspectives in Post-Structuralist Criticism.* Josué V. Harari, ed. Ithaca: Cornell University Press (1979): 73-81.

———. *S/Z.* New York: Farrar, Straus and Giroux, Inc., 1974.

BAUER, DALE M. and Susan Jaret McKinstry. *Feminism, Bakhtin, and the Dialogic.* Albany, NY: State University of New York Press, 1991.

BERNSTEIN, MICHAEL ANDRÉ. "When the Carnival Turns Bitter: Preliminary Reflections Upon the Abject Hero." *Critical Inquiry* 10.2 (1983): 283-305.

BOOTH, WAYNE C. "Freedom of Interpretation: Bakhtin and the Challenge of Feminist Criticism." *Bakhtin: Essays and Dialogues on His Work.* Gary Saul Morson, ed. Chicago and London: University of Chicago Press (1986): 145-176.

BORINSKY, ALICIA. "Rewritings and Writings." *Diacritics* 4 (1974): 22-28.

———. *Ver/Ser visto. (Notas para la poética).* Barcelona: Bosch, 1978.

BRUSS, ELIZABETH W. *Beautiful Theories: The Spectacle of Discourse in Contemporary Criticism.* Baltimore and London: The Johns Hopkins University Press, 1982.

BUTOR, MICHEL. *Essais sur le roman.* Paris: Gallimard, 1969.

CAMPRA, ROSALBA. *America Latina: L'identità e la maschera.* Roma: Editori Riuniti, 1982.

CLARK, KATERINA AND MICHAEL HOLQUIST. *Mikhail Bakhtin.* Cambridge: Harvard University Press, 1984.

COHN, DORRIT. *Transparent Minds: Narrative Modes for Presenting Consciousness in Fiction.* Princeton: Princeton University Press, 1978.

CULLER, JONATHAN. "Presupposition and Intertextuality." *MLN* 91.6 (1976): 1380-1396.

DE MAN, PAUL. "Dialogue and Dialogism." *Poetics Today* 4.1 (1983): 99-107.

DEL RÍO, CARMEN M. "La literatura y el juego: El recurso a la parodia." *La Chispa '81: Selected Proceedings.* 2nd Louisiana Conference on Hispanic Languages and Literatures. Gilbert Paolini, ed. New Orleans: Tulane University (1981): 83-90.

DERRIDA, JACQUES. "Structure, Sign and Play in the Discourse of the Human Sciences." *The Structuralist Controversy.* Macksay, Richard and Eugenio B. Donato, eds. Baltimore: Johns Hopkins UP, 1972.

Eco, Umberto. *Lector in fabula: La cooperación interpretativa en el texto narrativo.* Barcelona: Lumen, 1981.

———. *The Role of the Reader: Explorations in the Semiotics of Texts.*

Emerson, Caryl. "The Outer Word and Inner Speech: Bakhtin, Vygotsky, and the Internalization of Language." *Critical Inquiry* 10.2 (1983): 245-264.

Faris, Wendy B. *Labyrinths of Language: Symbolic Landscape and Narrative Design in Modern Fiction.* Baltimore and London: The Johns Hopkins University Press, 1988.

Foucault, Michel. *El orden del discurso.* Barcelona: Tusquets Editores, 1980.

Genette, Gérard. *Palimpsestes: La littérature au second degré.* Paris: Seuil, 1982.

Grossman, Marshall. "The Subject of Narrative and the Rhetoric of the Self." *Papers on Language and Literature* 18.4 (1982): 398-415.

Hayman, David. "Au-delà de Bakhtine: Pour un mécanique des modes." *Poetique* 13 (1973): 76-94.

Hirschkop, Ken. "A Response to the Forum on Mikhail Bakhtin." *Bakhtin: Essays and Dialogues on His Work.* Gary Saul Morson, ed. Chicago and London: The University of Chicago Press (1986): 73-79.

Holquist, Michael. "Answering as Authoring: Mikhail Bakhtin's Trans-Linguistics." *Critical Inquiry* 10.2 (1983): 307-319.

———. *Dialogism: Bakhtin and his World.* London and New York: Routledge, 1990.

"Intertextualité." *Poetique* 27 (1976).

Jameson, Fredric. *The Political Unconscious: Narrative as a Socially Symbolic Act.* Ithaca: Cornell University Press, 1981.

Jefferson, Ann. "Intertextuality and the Poetics of Fiction." *Comparative Criticism: A Yearbook* 2 (1980): 235-250.

Jenny, Laurent. "Le discours de carnaval." *Littérature* 16 (1974): 19-36.

———. "The Strategy of Form." *French Literary Theory Today.* Tzvetan Todorov, ed. Cambridge: Cambridge University Press (1982): 34-63.

Kaminsky, Amy. "Residual Authority and Gendered Resistance." *Critical Theory, Cultural Politics, and Latin American Narrative.* Bell, Steven M., LeMay, Albert H. and Orr, Leonard, eds. Notre Dame & London: University of Notre Dame Press, 1993, 103-121.

Kristeva, Julia. *Revolution in Poetic Language.* New York: Columbia University Press, 1984.

———. *Sèméiotiké: Recherches pour une sémanalyse.* Paris: Seuil, 1969. [Trad. *Semiótika.* 2 vol. Madrid: Espiral/Fundamentos, 1978.]

———. *El texto de la novela.* Barcelona: Lumen, 1974.

Leblans, Anne. "The Role of the Outsider in Carnival and Genre Theory: Foucault versus Bakhtin." *Selected Essays from the International Conference on the Outsider 1988.* Crafton, John Michael (ed.) Carrollton: West Georgia College, 1990: 23-29.

LERNER, GERDA. *The Creation of Patriarchy*. Oxford/New York: Oxford University Press, 1986.

MARTIN, WALLACE. *Recent Theories of Narrative*. Ithaca: Cornell University Press, 1986.

MAURIAC, CLAUDE. *La marquise sortit à cinq heures*. Paris: Éditions Albin Michel, 1961.

MORSON, GARY SAUL. "Dialogue, Monologue, and the Social: A Reply to Ken Hirschkop." *Bakhtin: Essays and Dialogues on His Work*. Chicago and London: The University of Chicago Press (1986): 81-88.

———. "Who Speaks for Bakhtin?: A Dialogic Introduction." *Critical Inquiry* 10.2 (1983): 225-243.

MORSON, GARY SAUL, ed. *Bakhtin: Essays and Dialogues on His Work*. Chicago and London: The University of Chicago Press, 1986.

———. "Forum on Mikhail Bakhtin." *Critical Inquiry* 10.2 (1983): 225-319.

MUECKE, D. C. *Irony and the Ironic*. London and New York: Methuen, 1980.

"ON NARRATIVE." *Critical Inquiry* 7.1 (1980).

"NARRATORS AND VOICES IN FICTION." *Poetics Today* 2.2 (1981).

PASCAL, ROY. *The Dual Voice*. Manchester: Manchester University Press, 1977.

POLAN, DANA B. "The Text Between Monologue and Dialogue." *Poetics Today* 4.1 (1983): 145-152.

REYES, GRACIELA. *Polifonía textual. La citación en el relato literario*. Madrid: Gredos, 1984.

RIFFATERRE, MICHAEL. "Intertextual Representation: On Mimesis as Interpretive Discourse." *Critical Inquiry* 2.1 (1984): 141-162.

RIQUELME, JOHN PAUL. "Dual Reflections on Transparency: Consciousness in Fiction (Review Essay)." *Comparative Literature Studies* 17.2, Part I (1980): 155-167.

ROJO, GRINOR Y JOHN J. Hassett, eds. *Chile: Dictatorship and the Struggle for Democracy*. Gaithersburg, MD: Hispamérica, 1988.

RYAN, MARIE-LAURE. "When 'Je' is 'Un autre'. Fiction, Quotation, and the Performative Analysis." *Poetics Today* 2.2 (1981): 127-156.

SMITH, BARBARA HERRNSTEIN. *On the Margins of Discourse: The Relation of Literature to Language*. Chicago and London: The University of Chicago Press, 1978.

STAM, ROBERT. *Subversive Pleasures: Bakhtin, Cultural Criticism, and Film*. Baltimore and London: The Johns Hopkins University Press, 1989.

STEWART, SUSAN. "Shouts on the Street: Bakhtin's Anti-Linguistics." *Critical Inquiry* 10.2 (1983): 265-281.

SULEIMAN, SUSAN AND INGE CROSMAN, eds. *The Reader in the Text. Essays on Audience and Interpretation*. Princeton: Princeton University Press, 1980.

STEVENS, KATHRYN L. *Literature and the Plastic Arts in the Modernist Aesthetic*. Ann Arbor: University of Michigan Microfilm Series, 1980.

TODOROV, TZVETAN. *Mikhaïl Bakhtine: le Principe Dialogique*. Paris: Seuil, 1981.

[Trans. *Mikhail Bakhtin: The Dialogical Principle.* Minneapolis: University of Minnesota Press, 1984.]

VIDAL, JEAN-PIERRE. *Dans le labyrinthe de Robbe-Grillet.* Paris: Hachette, 1975.

WINSPUR, STEVEN. "Lautréamont and the Question of the Intertext." *Romanic Review* 76.2 (1985): 192-201.

Verbum ENSAYO

## Títulos publicados:

JOSÉ LEZAMA LIMA:
La Habana.

PEDRO AULLÓN DE HARO:
La obra poética de Gil de Biedma.

JEAN PAUL RICHTER:
Introducción a la Estética.

CONSUELO GARCÍA GALLARÍN:
Vocabulario temático de Pío Baroja.

ELENA M. MARTÍNEZ:
Onetti: Estrategias textuales y operaciones del lector.

PEDRO AULLÓN DE HARO:
Teoría del Ensayo.

ANTONIO DEL REY BRIONES:
La novela de Ramón Gómez de la Serna.

MARIANO LÓPEZ LÓPEZ:
El mito en cinco escritores de posguerra.

ANTONIO MARTÍNEZ HERRARTE:
Ana María Fagundo: Texto y contexto de su poesía.

PALOMA LAPUERTA AMIGO:
La poesía de Félix Grande.

CARLOS JAVIER MORALES:
La poética de José Martí y su contexto.

EMILIO E. DE TORRE GRACIA:
Proel (Santander, 1944-1959): revista de poesía/revista de compromiso.

JAVIER MEDINA LÓPEZ:
El español de América y Canarias desde una perspectiva histórica.

KARL C. F. KRAUSE:
Compendio de Estética.

FRIEDRICH SCHILLER:
Sobre Poesía ingenua y Poesía sentimental.

ROSARIO REXACH:
Estudios sobre Gertrudis Gómez de Avellaneda.

GEORG HENRIK VON WRIGHT:
El espacio de la razón. (Ensayos filosóficos.)

JOSÉ MASCARAQUE DÍAZ-MINGO:
Tras las huellas perdidas de lo sagrado.

SEVERO SARDUY:
Cartas.

JOSÉ MANUEL LÓPEZ DE ABIADA Y JULIO PEÑATE RIVERO (EDITS.):
Exito de ventas y calidad literaria. Incursiones en las teorías y prácticas del best-séller.

WALTHER L. BERNECKER, JOSÉ M. LÓPEZ DE ABIADA Y GUSTAV SIEBENMANN:
El peso del pasado: Percepciones de América y V Centenario.

JUAN W. BAHK:
Surrealismo y Budismo Zen. Convergencias y divergencias. Estudio de literatura comparada y Antología de poesía Zen de China, Corea y Japón.

MARÍA DEL CARMEN ARTIGAS:
Antología sefaradí: 1492-1700. Respuesta literaria de los hebreos españoles a la expulsión de 1942.

MARIELA A. GUTIÉRREZ:
Lydia Cabrera: Aproximaciones mítico-simbólicas a su cuentística.

IRENE ANDRES-SUÁREZ, J. M. LÓPEZ DE ABIADA Y PEDRO RAMÍREZ MOLAS:
El teatro dentro del teatro: Cervantes, Lope, Tirso y Calderón.

LAURA A. CHESAK:
José Donoso. Escritura y subversión del significado